für Frau Soltau

von Hüsniye Duranoglu

KL. AO 3

HEYNE BÜCHER

HEYNE KOCHBÜCHER

DIE TÜRKISCHE KÜCHE

Ali Riza Kaya stellt die typischen Originalrezepte seines Landes vor

Originalausgabe

WILHELM HEYNE VERLAG
MÜNCHEN

HEYNE-BUCH Nr. 4291
im Wilhelm Heyne Verlag, München

Printed in Germany 1980
Umschlagbilder: Fotostudio Teubner, Füssen
Umschlaggestaltung: Atelier Heinrichs, München
Gesamtherstellung: Ebner Ulm

ISBN 3-453-40275-8

Inhalt

Einführung

Der Türke unserer Vorstellung, der Osmane der Kunst, ist nie spindeldürr. Er ist ein rundlicher Herr, der zwischen Feldarbeit und Feldlager Zeit gefunden haben muß, für sein leibliches Wohl zu sorgen oder sorgen zu lassen. Und alle Wortspiele und Begriffe, die wir mit der Türkei verbinden, beziehen sich in der Tat auf das Essen und Trinken.

Da ist der *Kimyon,* eine Mischung aus Kümmel und Curry, aus dem unsere Vorfahren den ›Kümmeltürken‹ gemacht haben. Wir kaufen noch heute ›Sultaninen‹, trinken jenes zweifelhafte Gemisch aus Rotwein und Sekt, das ›Türkenblut‹ heißt, und lassen uns den sprichwörtlichen ›türkischen Mokka‹ schmecken, der in Wien so gerne ausgeschenkt wird und in der Türkei merkwürdigerweise ganz anders schmeckt. Besser. Wie auch der türkische Honig!

Essen dient den Türken nicht nur zum Stillen des Hungers. Es ist eine stundenlange Zeremonie, in die Nase, Augen, Intellekt und oft auch die Tastorgane, sprich Finger, einbezogen werden. Wer sich in Gazi Antep, Kayseri, Instanbul, Trapzon oder Adana zu Tische setzt, will genießen. Was ihm leichtgemacht wird: Türkisches Essen ist, bis auf wenige Ausnahmen, bemerkenswert gut bekömmlich.

Millionen von Menschen, vor allem in den Gebieten des

ehemaligen Osmanischen Reiches, das sich von Jemen bis Österreich erstreckte, essen türkisch, ohne es zu wissen. So stammt zum Beispiel ein wesentlicher Teil der griechischen Küche (und Musik) von jenseits des Bosporus, die Araber speisen türkisch, und der Einfluß der Janitscharen und Sultane zieht sich bis hinauf in die europäischen Pilaw- und Schaschlikgegenden. Und die Wiege des ›Hamburgers‹, um es einmal so auszudrücken, stand am Menderes, nicht an Elbe oder Hudson.
Zu Beginn des 16. Jahrhunderts kochten im Serail des Sultans 260 Personen: Ein Chef und zwölf Gehilfen versorgten den Tisch des Herrschers rund um die Uhr. Fast jedes Märchen des Orients spielt irgendwann einmal in einer der vielen Garküchen der Gäßchen zwischen Moschee und Karawanserei. So etwas nennt man Tradition, und von dieser lösen sich vor allem die Türken, die zum Arbeiten ins Ausland gingen, nur schwer. So entstanden in ganz Europa türkische Restaurants und Geschäfte, die Spezialitäten anbieten, die bisher bei uns unbekannt waren.
Im Falle des Verfassers Ali Reza Kaya feiert dieser Trend schon Jubiläum. Denn bereits 1968 eröffnete er das ›At Nali‹ (Das Pferdehufeisen) im Hamburger Universitätsviertel. Aber zu seiner Überraschung saßen am ersten Abend nur zu Hälfte Landsleute an den damals fünf Tischen. Heute versorgt Kaya 22 Tische, und der Anteil der Türken ist weiter zurückgegangen.
Die Deutschen haben das beste türkische Restaurant der Bundesrepublik für sich entdeckt. Der PLAYBOY geruh-

te, es in seiner Feinschmeckerspalte gleich zweimal lobend zu erwähnen.
Die Schwierigkeiten dieses Buches beruhen nicht auf dem Unvermögen der Verfasser, sondern auf der Scheu der Türken, Rezepte in eine handliche, für den sofortigen Gebrauch bestimmte Fassung zu bringen. Selbst die türkischen Freunde des Verfassers, die professionell in Hamburger und Londoner Nobelhotels kochen, verlassen sich mehr auf Fingerspitzengefühl denn auf feste Formeln. Diese aufzustellen versucht Kaya hier zum erstenmal – immer für vier Personen berechnet.
Zu beachten ist, daß die Salate auf der türkischen Tafel nicht als Beilage gelten, sondern als Appetitanreger. Trotzdem kann die deutsche Hausfrau sie beruhigt zum Hauptgang servieren. Thema Suppen: Die meisten Gerichte, die wir als solche ansehen, werden in der Türkei als Hauptgang betrachtet. Die Verfasser haben sie jedoch abgetrennt und in einem eigenen Kapitel aufgeführt.
Gegenüber den türkischen Feinschmeckerkollegen hat der deutsche Leser einen wesentlichen Vorteil: Er braucht die Fastenzeit, den Ramadan, nicht zu beachten. Ob er mehr oder weniger ißt, entscheidet nicht der Koran, sondern die Waage.
Allah sei mit dem geneigten Leser und seiner Küche!

Axel Thorer

Suppen

Weiße Bohnen mit Hackfleisch
(Kiymali Kuru Fasulye)

500 g weiße Bohnen, 100 g Hackfleisch (Hammel oder Rind), 1 große Zwiebel, 1 TL Salz, 1/2 TL Pfeffer, 1/2 TL Paprika, 2 EL Margarine, 25 g Tomatenmark

Zwiebel reiben, mit Margarine und Hackfleisch gut verrühren, Tomatenmark dazugeben, Salz, Paprika und Pfeffer beimischen und mit einem 1/4 l Wasser aufkochen. Gut abschmecken, die geweichten und gekochten Bohnen zufügen, umrühren, bei geschlossenem Deckel ca. 5 Minuten kochen und je nach gewünschter Menge und Verdünnungsgrad mit lauwarmem Wasser mischen. Etwa 15 Minuten auf kleiner Flamme stehen lassen.
Dieser Gang gehört zu den türkischen Nationalgerichten. Er unterscheidet sich von dem Hauptgang ›Grüne Bohnen mit Hackeinlage‹ (s. S. 75) vor allem dadurch, daß man ihn zu jeder Jahreszeit servieren kann – die weißen Bohnen dürfen auch aus der Dose kommen. Der gute Geschmack wird dadurch nicht beeinträchtigt.
Kenner verwenden natürlich getrocknete Bohnen, die einen Tag im Wasser gelegen haben. Zur Verfeinerung kann das Tomatenmark durch frische geschälte Tomaten erweitert werden, das Paprikagewürz durch in feine Streifen geschnittene Schoten.

Hochzeitssuppe
(Dügün Corbasi)

1/2 Hammelnacken, 200 g Hammelrücken, 200 g Mehl, 1 TL Salz, 3 Eidotter, 1 EL Butter, 1 TL Paprika, Saft einer Zitrone, 1 Zwiebel

Nacken- und Rückenfleisch kochen. Rückenfleisch mit Mehl und einer Tasse der Brühe vermengen und zum Nacken in den Kochtopf zurücktun. Achtung: Das Mehl darf auf keinen Fall klumpen. Eine Weile kochen lassen und die kleingeschnittene Zwiebel beigeben. Gleichzeitig werden in einer Schüssel die Eidotter mit Zitronensaft gemischt und unter langsamem Umrühren mit Salz in den Kochtopf gegeben. Etwa 5 Minuten auf kleiner Flamme ziehen lassen. Kurz vor dem Servieren den Teelöffel Paprika mit der Butter in einer kleinen Pfanne schmelzen und vorsichtig über die Suppe gießen.

Diese festliche Suppe, ein Ergebnis jahrhundertealter bäuerlicher Feinschmeckerkultur, bedarf etwas Vorarbeit. Denn neben dem Hammelnacken müssen Sie 200 g Wirbelsäule kaufen und das Restfleisch zwischen den Knochen herauskratzen. Dieses Fleisch ist besonders zart.

Weißkohl mit Hackfleisch

(Kapuska)

1 mittelgroßer Weißkohl, 250 g Rinderhackfleisch, 4 geschälte Tomaten oder 50 g Tomatenmark, 1 TL Salz, 1 TL scharfer Paprika, 150 g Margarine, 1 EL Olivenöl, 2 Zwiebeln

Die äußeren Blätter vom Weißkohl entfernen, den Restkopf achteln, jedes Achtel quer in möglichst feine Streifen schneiden. In einem Topf Hackfleisch, Öl, Margarine, die zerkleinerten Zwiebeln und Paprika schmoren. Dann die geschälten Tomaten (Tomatenmark) darunterrühren, den Kohl zutun, umrühren und mit Deckel 5 Minuten kochen. Danach je nach gewünschter Menge mit Wasser auffüllen, salzen und 10 Minuten aufkochen. Zum Schluß etwa 30 Minuten auf kleiner Flamme ziehen lassen.

Achtung: Die Kochzeit verkürzt sich, je feiner der Kohl geschnitten ist. Wem Kapuska in dieser Form zu scharf schmeckt, reduziere die Paprikamenge oder nehme von vornherein milden Pfeffer.

Hackklößchen ›At Nali‹

(Terbiyeli Sulu Köfte)

400 g Rinderhackfleisch, 1 große Zwiebel, 1 TL Salz, 1 TL grüne Pfefferkörner, 2 EL Butter, 1 Bund frischer Dill, 50 g Langkornreis, 4 Eidotter, 200 g Joghurt, 1 Bund Petersilie, Saft einer Zitrone

In einer großen Schüssel das Fleisch, die geriebene Zwiebel, die Hälfte des Salzes, Butter, Reis und die feingehackte Petersilie durchkneten und zu kleinen Bällchen formen. Das Ganze in 1 l Wasser 20 Minuten kochen lassen. In einer zweiten Schüssel Joghurt, Eidotter, Zitronensaft und Pfefferkörner mit einem Glas Wasser zu einem flüssigen Brei vermischen und diesen unter vorsichtigem Umrühren langsam zu den Hackklößchen gießen.

Die ›Sulu Köfte‹ mit gehacktem Dill garnieren und auf den Tisch bringen. Der säuerliche Geschmack läßt sich durch mehr oder weniger Zitronensaft regulieren.

Käsesuppe mit Ei

(Yumurtali Peynir Corbasi)

4 Eier, 250 g geriebener Käse, 4 Wassergläser Fleischbrühe, ½ TL Salz, Pfeffer, Petersilie

In einer kleinen Schüssel die 4 Eier gut schlagen, dann den Käse unterrühren und das Ganze mit 1 Glas Fleischbrühe 10 Minuten ansetzen. Gleichzeitig die übrigen 3 Gläser Fleischbrühe aufkochen lassen und die angesetzte Masse bei langsamem Umrühren zugeben. Die Suppe muß jetzt noch 5 Minuten weiterkochen und wird dann, mit gehackter Petersilie bestreut, auf den Tisch gebracht.
Für diese Suppe eignet sich jeder harte Käse, auch Parmesan oder Holländer. Die Türken verwenden dazu ihren ›Kasar Peyniri‹, einen aus Kuhmilch hergestellten großen Radkäse.

Schinkensuppe
(Pastirma Corbasi)

200 g Schinken, 200 g Mehl, 1 TL Salz, 2 EL Butter

Schinken in feine Scheiben schneiden, die Butter in einem mittleren Kochtopf zergehen lassen. Dann behutsam das Mehl mit einem Löffel unter die Butter rühren und Salz beigeben. Wird das Mehl braun, werden die Schinkenscheiben in den Topf gelegt und kurz angeschmort. Danach je nach der gewünschten Stärke der Suppe 4 bis 6 Teetassen Wasser zuschütten und das Ganze ca. 20 Minuten auf kleiner Flamme kochen lassen.
Serviert wird mit gewürfeltem Toastbrot, das in einer Pfanne geröstet und nach Belieben auch in der Suppe gegessen werden kann.
Grundlage dieses Gerichts ist ein türkischer Schinken, der vom Rind stammt und stark gewürzt an der Luft getrocknet wurde. Er ist in der Bundesrepublik in allen türkischen Feinkostläden erhältlich.

Kürbissuppe mit Milch
(Sütlü Kabak Corbasi)

1 kg Kürbis, 1/2 l Milch, 1 TL Salz, 4 Stück Würfelzucker

Kürbis schälen, in dünne Scheiben schneiden, Kerne entfernen und mit Salz und Zucker in die vorher aufgesetzte, jetzt kochende Milch geben. Umrühren, bis die Kürbisscheiben musig werden, dann je nach gewünschter Dicke der Suppe mit Wasser verdünnen.
Grundsätzlich eignen sich rote Kürbisse besser als gelbe.
Diese Suppe stammt aus dem Kaukasus und ist vor allem in den ländlichen Gegenden der Türkei verbreitet. Sie zeichnet sich durch einen besonders milden, leicht süßlichen Geschmack aus.

Hühnersuppe mit Joghurt

(Yogurtlu Tavuk Corbasi)

1 Suppenhuhn, 200 g Joghurt, 4 Eier, 1 TL Salz, 1 EL Butter, Pfeffer, Petersilie

Suppenhuhn gar kochen, herausnehmen, abkühlen lassen, die Haut entfernen, Fleisch von den Knochen trennen und zerkleinern. In einem zweiten Topf Butter schmelzen, und das Hühnerfleisch mit Salz und Pfeffer dazugeben. Kurz anschmoren lassen, und die vorher verquirlten Joghurt und Eier mit etwas Hühnerbrühe strekken und zur Butter und dem Hühnerfleisch geben. Jetzt noch etwa 5 Minuten kochen.
Mit gehackter Petersilie servieren.

Gebirgssuppe
(Yayla Corbasi)

100 g Reis, 2 l Fleischbrühe, 1 TL Salz, 1 TL kleingehackte Pfefferminzblätter, 1 EL Butter, 1 Glas Milch, 250 g Joghurt, 3 Eidotter

Den gewaschenen Reis mit der Fleischbrühe und dem Salz ca. 15 Minuten kochen. Milch, Joghurt und Eidotter mit dem Schneebesen schlagen und unter ständigem Umrühren langsam zu der Reissuppe geben. Diese muß dann vom Feuer genommen werden und abkühlen. Jetzt werden die Pfefferminzblätter in einer Pfanne mit Butter erhitzt und vor dem Servieren über die Suppe gegossen. Je frischer die Pfefferminzblätter sind, desto intensiver ist das Aroma dieser Spezialität.

Vorspeisen

Kalte Vorspeisen

Gebratener Spinat mit Joghurt und Knoblauch

(Yogurtlu Sarimsakli Ispanak Kavurmasi)

1 kg frische Spinatblätter, 1 große Zwiebel, 3 EL Butter, 500 g Joghurt oder Dickmilch, 3 Knoblauchzehen, Pfeffer, Salz

Den Spinat gründlich waschen und abtropfen lassen, auf großer Flamme etwa 10 Minuten kochen, durch ein Sieb gießen, wieder abtropfen und dann abkühlen lassen. Jetzt mit der Hand kräftig auspressen, bis keine Flüssigkeit mehr heraustropft. In einer Pfanne Butter schmelzen und die Zwiebel kleingewürfelt dazugeben. Wenn die Zwiebeln gelblich werden, Spinat, Pfeffer und Salz dazugeben und unter Umrühren schmoren lassen. Abschmecken und zur Seite stellen. In einer Schüssel Knoblauch zerdrücken oder reiben, mit Salz, Joghurt und etwas kaltem Wasser verrühren (bei Dickmilch kein Wasser). Den Spinat aus der Pfanne auf Teller verteilen und mit der Joghurtsauce übergießen.
Zur Verfeinerung kann ich noch empfehlen, 1 EL Butter zu schmelzen, mit Paprika zu verrühren und mit einem Löffel kreisförmig über das Gericht zu gießen.

Gefüllte Weinblätter

(Zeytinyagli Yaprak Dolmasi)

20 Weinblätter, 100 g Patnareis, ½ l Wasser, 125 g Olivenöl, 200 g feingehackte Zwiebeln, 20 g Pinienkerne, 20 g Korinthen, 1 TL Salz, 1 TL Pfeffer, 1 TL Zucker, ½ Bund Dill, 8 Blätter frische Pfefferminz

Zwiebeln und Pinienkerne im Olivenöl glasig dünsten, dann den gewaschenen Reis mit Salz und Pfeffer dazutun und das Ganze ein paar Minuten auf kleiner Flamme ziehen lassen. Korinthen, Zucker, Dill und Pfefferminz beigeben, alles gut umrühren, mit Wasser verdünnen, 3 Minuten sprudelnd kochen und auf kleiner Flamme 15 Minuten ziehen lassen. Die abgekühlte Masse zu daumengroßen Portionen formen und in die Weinblätter einwickeln.

Der eigentliche türkische Trick kommt erst jetzt: Sie nehmen einen Schmortopf, bedecken den Boden mit einigen Weinblättern, legen darauf die in die Blätter gewickelte Masse, bedecken sie mit Zitronenscheiben und gießen 1 Glas Wasser dazu. Jetzt wird der Deckel auf den Topf gesetzt und das Ganze 20 Minuten bei kleiner Flamme sich selbst überlassen. Abgekühlt servieren.

Statt Weinblätter lassen sich auch ausgehöhlte Paprikaschoten, Auberginen und Weißkohlblätter verwenden. Dabei ändert sich natürlich die Kochzeit und bei Paprika und Auberginen fallen beim Trick die Zitronenscheiben fort.

Hähnchen mit Walnüssen
(Cerkes Tavugu)

1 Hähnchen, 200 g geschälte Walnüsse, 1/2 TL Paprika, 1 TL Salz, 3 Tassen Hühnerbrühe, 4–5 Scheiben Weißbrot, 1/2 Bund Petersilie

Das Hähnchen gar kochen, abkühlen lassen und das Fleisch von den Knochen lösen. Die Walnüsse im Mörser feinkörnig zerreiben und kräftig durch ein Leintuch pressen. Das herausquellende Nußöl auffangen und beiseite stellen. Das Brot in der Hühnerbrühe einweichen, ausdrücken und in einer tiefen Schüssel mit dem zerkleinerten Fleisch, den zerriebenen Walnüssen, etwas Hühnerbrühe, Salz und Paprika vermengen und mit dem Nußöl übergießen. Vor dem Servieren mit Petersilie garnieren.

Je nach Belieben kann diese Vorspeise mit der verbleibenden Hühnerbrühe flüssiger oder fester gestaltet werden.

Statt Hähnchen eignet sich auch Pute.

Es gibt Versionen dieser Vorspeise, bei denen statt Weißbrot grobes Bauernbrot, Maismehl oder gekochte weiße Bohnen (als Brei) verwendet werden.

Achtung: Es schadet diesem Gericht, wenn die Walnüsse nicht frisch sind und muffig schmecken.

Der Imam fiel in Ohnmacht

(Imam Bayildi)

4 Auberginen, 4 Zwiebeln, 8 Knoblauchzehen, 2 Tomaten, 1 Tasse Olivenöl, 1/2 TL Salz, 1/2 TL Pfeffer, 1 Bund Petersilie, 1/2 EL Zucker

Auberginen schälen, indem man abwechselnd einen 1 Zentimeter breiten Längsstreifen entfernt, einen ebenso breiten Streifen stehen läßt. In einen geschälten Streifen mit einem scharfen Messer einen Längsschnitt ausführen (in den später die Füllung kommt). Die Auberginen in einer Pfanne mit Olivenöl weich schmoren, herausnehmen und abtropfen lassen. Für die Füllung werden in einer Pfanne die in Streifen geschnittenen Zwiebeln, die kleingehackten Knoblauchzehen mit Salz, Pfeffer, Zucker und Petersilie einige Minuten geschmort. Die Auberginen Seite an Seite, mit dem Schlitz für die Füllung nach oben, in einen flachen Topf legen. Die Füllung mit einem Eßlöffel in die Öffnung geben, in Scheiben geschnittene Tomaten darauflegen und mit 1 Glas Wasser etwa 15 Minuten bei geschlossenem Deckel auf mittlerer Flamme schmoren lassen. Abgekühlt servieren.

Gurken mit Joghurt

(Cacik)

500 g Joghurt, 2 Salatgurken, 1 TL Salz, 4 Knoblauchzehen, 1 TL Olivenöl, frischer oder getrockneter Dill, 1 Tasse Wasser

Joghurt mit der Tasse Wasser verdünnen, salzen und gut verrühren. Die geschälten Salatgurken in den Joghurt raspeln und zusammen mit den vorher in einem Mörser zerriebenen Knoblauchzehen gut mischen.

Diese Vorspeise wird in kleinen Tassen oder Schüsseln serviert, garniert mit Dill, der auf einem kleinen Fleck Olivenöl schwimmt.

Wer mehr von der Gurke schmecken will, darf sie nicht raspeln, sondern muß sie in kleine Würfel schneiden.

In türkischen Restaurants werden Sie oft sehen, daß dieses Cacik mit einem kleinen Blümchen aus Tomatenschnitzeln, Olivenscheiben und dem Dillstiel geschmückt wird.

Terator mit Pistazien

(Fistikli Terator)

150 g Pistazien, 300 g Weißbrot ohne Rinde, 1 Tasse Olivenöl, 1/2 Tasse Zitronensaft, 4 Knoblauchzehen, 1 TL Salz

Gemahlene Pistazien und mit etwas Salz zerriebene Knoblauchzehen in eine Schüssel geben. Weißbrot einweichen, das Wasser mit der Hand herausdrücken und zu der Pistazien-Knoblauch-Masse geben. Olivenöl, Salz und Zitronensaft sehr langsam unterrühren, bis sich die Brotmasse mit dem Öl vermischt hat.
Statt der Pistazien kann man Mandeln oder Walnüsse verwenden. Beim Walnuß-Terator nimmt man statt des Zitronensaftes die gleiche Menge Essig.
Diese Sauce paßt gut zu gebratenen Muscheln, gekochtem Hummer oder Krabben – aber auch ohne diese Beigaben ist sie gut als Vorspeise mit Brot.

Warme Vorspeisen

Papierschinken
(Patirma Firinda)

200 g türkischer Schinken, 4 Tomaten, 4 Zitronenscheiben, Butterbrotpapier

Schinken in feine Scheiben schneiden, in 4 Portionen teilen und jedes Viertel flach so auf ein auf dem Tisch ausgebreitetes Stück Butterbrotpapier legen, daß auf allen Seiten genug Papier übersteht, um später ein Päckchen falten zu können. Jede Scheibe Schinken mit geschälten Tomaten und Zitronenringen belegen und die Portionen einpacken. Die Päckchen im Backofen oder besser noch auf einem Grill braten. Aus dem Papier holen und mit Toast oder Bauernbrot servieren.
Schwierigkeiten bereitet vielleicht die Beschaffung des türkischen Schinkens, obwohl heute schon zahlreiche Geschäfte diese scharf gewürzte und geräucherte Spezialität führen. Finden Sie keinen, können Sie natürlich auch gewöhnlichen Katenschinken verwenden, müssen diesen aber vor dem Braten nachwürzen und ein wenig salzen. Sollte der Schinken nicht genügend Fett enthalten, empfehlen wir, das Papier vor dem Belegen mit Butter zu bestreichen.

Leber, albanisch

(Arnavut Cigeri)

500 g Leber, 1 Glas Olivenöl, 5 Zwiebeln, 1 TL Salz, 1/2 TL Paprika, 1 Bund Petersilie, 200 g Mehl

Die Leber gut waschen, enthäuten, in etwa 1 cm große Würfel schneiden, salzen und in Mehl wenden. Dann in Olivenöl gut durchbraten und ein paar Minuten warm halten. Währenddessen die in Streifen geschnittenen Zwiebeln und die kleingehackte Petersilie mit dem restlichen Salz vermengen, leicht in der Hand kneten und zu den Leberwürfeln geben. Dann sofort servieren.

Dieses Gericht gibt es in der Türkei als kalte und warme Vorspeise. Wir schlagen die warme Fassung vor, weil Leber kalt leicht hart wird. Die Leber sollte vom Lamm stammen, notfalls läßt sich aber auch Rinder- oder Hammelleber verwenden.

Teigröllchen mit Hackfüllung

(Sigara Böregi)

200 g Rinderhackfleisch, 2 Zwiebeln, 1 TL Salz, 1 TL Pfeffer, 1 Bund Petersilie, 1 EL Butter, 400 g Blätterteig (tiefgekühlt), 2 Eier, 400 g Olivenöl

In einer möglichst großen Bratpfanne Hackfleisch, gewürfelte Zwiebeln, Salz, Pfeffer und Butter bei sorgfältigem Umrühren 10 Minuten schmoren, anschließend die beiden Eidotter und die kleingehackte Petersilie darunterrühren. Achtung: Eiweiß wird später noch benötigt! Den ausgerollten Teig in 5 cm breite und 10 cm lange Vierecke schneiden und auf jedes einen Eßlöffel vom geschmorten Hackfleisch geben. Zum Rollen werden die beiden Schmalseiten nach innen gebogen, das Viereck wie eine Zigarre zusammengerollt und die Nahtstellen mit dem Eiweiß verklebt. Die fertigen Röllchen müssen jetzt im vorher erhitzten Olivenöl goldgelb werden und vor dem Servieren in einem Sieb abtropfen.

Bei einer in der Türkei sehr beliebten Variante dieser Vorspeise läßt man das Hackfleisch weg und verwendet statt dessen Schafskäse und Petersilie.

Zucchinipuffer
(Kabak Mücver)

500 g Zucchini, 2 Zwiebeln, 1 Tasse Mehl, 4 Eier, 1 Tl Salz, 1/2 TL Pfeffer, 1 Bund Dill, 1 Glas Olivenöl

Zucchini und Zwiebeln reiben und mit Mehl, Eiern, Salz, Pfeffer und dem feingeschnittenen Dill in einer tiefen Schüssel gut vermengen, so daß eine halbflüssige Masse entsteht. In einer Pfanne Olivenöl erhitzen, mit einem Eßlöffel Teigmasse aus der Schüssel schöpfen und in die Pfanne gleiten lassen. Beidseitig gut anbraten und auf einem flachen Teller servieren.

Vorspeisen mit Muscheln

Muschelsuppe

(Midye Corbasi)

40 Miesmuscheln, 1/2 Bund Petersilie, 1 kleine Zwiebel, 1/2 Knoblauchzehe, 1/4 grüne Paprikaschote, 1 Tomate, 1 TL Salz, 1 EL Butter, 1 Glas herber Weißwein

Muscheln mit Schale in 1 l Wasser 10 Minuten kochen, herausnehmen und Fleisch aus den Schalen holen. Den Sud aufheben. In einem Topf Butter, die in Streifen geschnittene Paprika und die gehackte Zwiebel schmoren, dann Tomate, Knoblauch und Petersilie fein gehackt zufügen. Salzen. In diese Sauce kommen jetzt die Muscheln und der Sud, das Ganze 15 Minuten ziehen lassen und mit dem Weißwein abschmecken.

Man kann den Wein auch durch 1 bis 2 TL Rake ersetzen. Statt der Muscheln können auch mal Langostinos oder Krabben verwendet werden.

Gefüllte Muscheln

(Midye Dolmasi)

16 große Seemuscheln, 100 g Reis, 2 Zwiebeln, 100 g Olivenöl, 30 g Pinienkerne, 45 g Korinthen, 1 Bund Petersilie, 1/2 TL Salz, 1/2 TL Pfeffer, 1/4 TL Zimt, 2 Blätter Pfefferminz

Die geöffneten Muscheln innen und außen sorgfältig waschen. Darauf achten, daß das Fleisch nicht beschädigt wird. Die kleingehackten Zwiebeln im Olivenöl glasig dünsten, dann Reis, Pinienkerne, Korinthen, die Hälfte der gehackten Petersilie, Salz, Pfeffer, Zimt, die getrocknete, geriebene Pfefferminze beigeben und in mäßiger Hitze so lange schmoren, bis der Reis leicht rosa wird. Dann abkühlen lassen, in die Muscheln füllen, diese mit Garn zubinden und in einem tiefen Topf mit etwas Wasser 1/2 Stunde auf kleiner Flamme kochen.
Achtung: Während des Kochens muß der Topf möglichst dicht verschlossen bleiben. Vor dem Servieren die Fäden entfernen, mit dem Rest der Petersilie garnieren.

Muscheln mit Knoblauch

(Midye Pilaki)

40 Muscheln, 1 Zwiebel, 1/2 Mohrrübe, 1/8 Sellerie, 3 Petersilienwurzeln, 4 Knoblauchzehen, 1 Wasserglas Olivenöl, 1 Bund Petersilie, 1 Kartoffel, 1 Zitrone, 1/4 TL Salz

Zwiebel in Ringe schneiden, Mohrrübe und Sellerie raspeln, Knoblauchzehen und die Kartoffel zerkleinern und zusammen mit den Petersilienwurzeln und dem Olivenöl in einem 1/8 l Wasser 5 Minuten auf großer Flamme kochen lassen. Dann die Muscheln, das Salz und die feingehackte Petersilie dazugeben, weitere 10 Minuten dünsten und zum Erkalten in eine Schüssel abgießen.
Vor dem Servieren wird die Zitrone halbiert, der Saft der einen Hälfte über die Vorspeise geträufelt, die andere Hälfte als Garnierung in Scheiben daraufgelegt.
Zu diesem Gericht können sowohl frische Muscheln, deren Schale man entfernt, als auch Muscheln aus dem Glas oder der Dose verwendet werden.
Die Sauce, in der die Muscheln bei dieser Vorspeise schwimmen, kehrt in der türkischen Küche bei den verschiedensten Hors d'Œuvres wieder, etwa in Verbindung mit weißen und roten Bohnen sowie Fisch. Sie heißt in der Landessprache ›Pilaki‹.

Gebratene Muscheln

(Midye Tavasi)

40 große Seemuscheln, 2 Eier, 50 g Mehl, 3 Tassen Olivenöl, 1 Tasse herber Weißwein

Muschelfleisch aus der Schale schneiden, gut waschen und in einem Sieb abtropfen lassen. Dann in Mehl wälzen, salzen und 1/2 Stunde im Wein ziehen lassen. In eine Schüssel geben, in der vorher die Eier geschlagen wurden. Sorgfältig und oft wenden und in einer mit Olivenöl halbgefüllten Pfanne gut durchbraten. Vor dem Servieren noch einmal abtropfen lassen.

Zu den gebratenen Muscheln schmeckt Tarator mit Pistazien (s. S. 24) gut.

Gedünstete Muscheln

(Midye Sote)

40 Muscheln, 4 große Tomaten, 4 Knoblauchzehen, 1 Zwiebel, 1 EL Olivenöl, 1 EL Margarine, 1/2 Tasse Weißwein, 1/2 TL Salz, 1/2 TL Pfeffer, 1 Bund Petersilie, 2 Lorbeerblätter

Zwiebel in Streifen schneiden, Knoblauch kleinhacken und 2 Minuten lang in Olivenöl und Margarine anbraten. Geschälte Tomaten, Weißwein, Lorbeerblätter, Salz und Pfeffer dazutun und bedeckt 10 Minuten lang schmoren lassen. Die Pfanne kurz vom Feuer nehmen, die gehackte Petersilie beigeben, ein paarmal umrühren, die gesäuberten Muscheln ohne Schalen zufügen und auf kleiner Flamme 10 Minuten lang ziehen lassen.

Salate

Grüner Salat

(Yesil Salata)

1 Kopf Salat, 1 kleine Zwiebel, 1/4 TL Salz, 1 EL Olivenöl, 1 kleine in Scheiben geschnittene Tomate, ein paar schwarze Oliven, Saft einer halben Zitrone

Den Salatkopf auseinanderzupfen, die Blätter gründlich waschen und quer in Streifen schneiden. Die Zwiebel in Längsstreifen schneiden, mit dem Salat, Pfeffer, Salz, den Tomatenscheiben und Oliven mischen. Olivenöl und Zitronensaft darübergießen. Zur Verfeinerung des Geschmacks kann man zusätzlich Radieschen und hartgekochte Eier verwenden.

Tomatensalat

(Domates Salatasi)

250 g kleingeschnittene Tomaten, 1 gewürfelte Zwiebel, 3 frische, in Scheiben geschnittene Peperoni, 10 Oliven, ohne Kerne, in Ringe geschnitten, 2 EL Olivenöl, 1 EL Essig, 1/2 TL Salz, 1/2 TL Pfeffer

In einer tiefen Schüssel Tomaten, Zwiebel, Peperoni, Oliven, Salz und Pfeffer vermengen. Essig und Öl darübergießen.

Hirtensalat

(Coban Salatasi)

4 Tomaten, 1 mittelgroße Salatgurke, 2 Zwiebeln, 1/2 Bund Petersilie, je eine Prise Salz und Pfeffer, je 1 EL Essig und Olivenöl

Tomaten und Salatgurke waschen, mit den Zwiebeln schälen, zerkleinern und in einer Schüssel mit der kleingehackten Petersilie, Salz und Pfeffer mischen. Essig und Öl darübergießen und mit einem Löffel gut umrühren.

Nach Belieben läßt sich der Hirtensalat auch mit Schafskäse, Oliven, Peperoni und sehr dünn geschnittenen Paprikaschoten anreichern.

Auberginensalat
(Patlican Salatasi)

4 Auberginen, 100 g Olivenöl, Saft von 2 Zitronen (Essig), 1 TL Salz, 2 in Scheiben geschnittene Tomaten, 1 feingewürfelte Zwiebel, 50 g Oliven, 2 Knoblauchzehen, 4 kleingeschnittene Peperoni, Petersilie

Auberginen mit Schale so lange grillen, bis sie weich sind. Etwas Salz und Zitronensaft (oder Essig) in eine Schüssel mit Wasser geben. Auberginen schälen, in der Schüssel 10 Minuten lang ziehen lassen, herausnehmen, mit der Hand ausdrücken, möglichst kleinschneiden und mit einer Gabel zu Brei zerdrücken. Olivenöl, Salz, Zitronensaft, geriebenen Knoblauch, Zwiebeln und Peperoni mischen und mit den Auberginen verrühren. Zum Servieren werden rund um den Rand Tomatenscheiben garniert, in der Mitte schwarze Oliven mit Petersilie.

Auberginensalat mit Joghurt

(Yogurtlu Patlican Salatasi)

4 Auberginen, 100 g Olivenöl, Saft von zwei Zitronen (Essig), 1 TL Salz, 6 in Scheiben geschnittene Peperoni, 250 g Joghurt, 6 Knoblauchzehen

Man behandelt die Auberginen wie im vorhergehenden Rezept. Zur Sauce den Joghurt, die Hälfte der geschnittenen Peperoni, die geriebenen Knoblauchzehen, Salz und Zitronensaft mit dem Olivenöl mischen und mit den Auberginen verrühren. Mit den restlichen Peperoni garnieren.

Hirnsalat

(Beyin Salatasi)

4 Hammelhirne, 1 in Scheiben geschnittene Zwiebel, 1 EL Salz, 1 Tasse Essig, 1 l Wasser, 2 frische, in Scheiben geschnittene und geschälte Tomaten, 1 Kopf Salat, 10 Oliven, Saft einer Zitrone, 50 g Olivenöl, Petersilie

Die Hirne gut waschen und mit Essig und etwas Salz 10 Minuten lang im Wasser kochen. Hirne in Scheiben schneiden und auf eine Platte mit großen Salatblättern legen. Mit Zwiebeln, Tomaten und Oliven anrichten, salzen und Olivenöl und Zitronensaft darübergießen.

Hauptgerichte

Aus Hackfleisch

Hackfleisch heißt türkisch ›Köfte‹, und fast alle Varianten tragen diesen Namen plus den Herkunftsort oder die Zubereitungsart. Einige dieser gegrillten oder gebratenen Spezialitäten können mit Pommes frites serviert werden. Stilvoller aber ist Reis.

Gegrilltes Hacksteak

(Izgara Köfte)

500 g Hackfleisch vom Lamm, Hammel oder Rind, 2 Knoblauchzehen, 3 Zwiebeln, 1 TL Salz, 1/4 TL Pfeffer, 1/4 TL Paprika, 1 Bund frische Petersilie, 1 Ei, 150 g eingeweichtes Weißbrot oder Paniermehl, Thymian

Knoblauch, Zwiebeln und Petersilie kleinhacken und mit den übrigen Zutaten in einer großen Schüssel vermengen. Thymian je nach Geschmack zugeben und aus der entstandenen Masse kleine Fladen formen, in eine Pfanne oder auf einen Grill legen und auf beiden Seiten gut durchbraten. Wer Knoblauch nicht mag, darf ihn ohne weiteres weglassen. Noch feiner wird das Hacksteak, wenn die Zwiebeln und der Knoblauch nicht gehackt, sondern fein gerieben verwendet werden.

Ein Trick, um die Steaks locker zu bekommen: Schlagen Sie noch 2 Eier in die Masse, dann gehen die Hacksteaks auf wie Napfkuchen. Übrigens: Je flacher die Fladen sind, desto weniger Zeit benötigen Sie zum Grillen oder Braten.

Hack am Spieß

(Sis Köfte)

500 g Fleisch vom Lamm, Hammel oder Rind, 2 Knoblauchzehen, 3 Zwiebeln, 1 TL Salz, 1/2 TL Pfeffer, 1/2 TL Paprikapulver, 1 Bund frische Petersilie, Thymian nach Bedarf, 150 g Paniermehl oder eingeweichtes Weißbrot, 1 Ei

Das Fleisch nicht wie üblich durch den Wolf drehen, sondern ebenso wie Knoblauch, Zwiebeln und Petersilie mit einem scharfen Messer kleinhacken und mit den übrigen Zutaten vermengen. Thymian zugeben, die so entstandene Masse um einen Holz- oder Metallspieß rund und länglich formen und grillen.
Ein Tip: Sollten Sie Rindfleisch verwenden, fügen Sie den angegebenen Zutaten 2 EL Öl zu. Soll die Masse lockerer werden, nehmen Sie 2 Eier mehr.

Tomatenhack
(Izmir Köfte)

Zutaten wie bei ›Gegrilltem Hacksteak‹ (s. S. 41), zusätzlich 4 Tomaten, 4 Peperoni, Tomatenmark

Aus der Hackfleischmasse etwa daumengroße und -dicke Röllchen formen und in einer Pfanne mit Olivenöl kurz anbraten, dann vier geschälte Tomaten, vier sehr klein geschnittene Peperoni und 2 Wassergläser voll verdünntem Tomatenmark dazugeben und das Ganze etwa 10 Minuten auf kleiner Flamme durchbraten.
Wer Kümmel mag, kann sein ›Izmir Köfte‹ verbessern, indem er das pulverisierte Gewürz während des Bratens darüberstreut.

Frauenschenkel
(Kadin Budu Köfte)

500 g Hackfleisch vom Lamm, Hammel oder Rind, 1 TL Margarine, 2–3 Zwiebeln, 1 Tasse Reis, 1 TL Salz, 1 TL Pfeffer, 1 TL Paprika, 1 Tasse Paniermehl, 2 Eier, Olivenöl

Den Reis ca. 15 Minuten garen, anschließend durch ein Sieb abtropfen lassen. Die Hälfte der feingehackten Zwiebeln mit der Margarine in einer Pfanne leicht andünsten. Die Hälfte des Hackfleisches dazugeben und unter ständigem Drücken mit einer Gabel in den angedünsteten Zwiebeln schmoren. Mit Pfeffer und Salz abschmecken. Den Rest des Hackfleisches, die zerkleinerten Zwiebeln, Pfeffer, Salz und Paprika mit dem gekochten Reis gut durchkneten. Diese Masse in flache Ovale aufteilen und mit dem angeschmorten Hackfleisch füllen. Die entstandenen Buletten erst in Paniermehl, dann in geschlagenem Eigelb wenden und in dem erhitzten Olivenöl in einer Pfanne beidseitig anbraten. Bei schwacher Hitze zugedeckt weiterschmoren lassen.

Bulgur-Hack

(Kilis Köftesi)

500 g Weizenschrot, 500 g halbfettes Hammelfleisch ohne Knochen, 150 g Mehl, 100 g Margarine, 150 g geriebene Walnüsse, 100 g Zwiebeln, 1 TL Salz, 1/2 TL Paprika, 1/2 TL Pfeffer, Thymian, 1 Bund Petersilie

Bulgur ist Weizenschrot von Stecknadelkopfgröße. Auf dem Lande wird der getrocknete und gereinigte Weizen in einem eisernen Mörser zerstoßen, in den Städten stellen ihn jetzt Mühlen her.

Für dieses Gericht braucht man ganz feinen Bulgur, den man in einer großen flachen Schüssel mit einem 1/4 l Wasser ziehen läßt. Die Hälfte des Hammelfleisches wird mit einem scharfen Messer zerkleinert und mit Salz und Paprika vermengt. Der Bulgur wird mit Mehl bestreut und zu einem Teig verknetet. Fleisch und Weizenschrot müssen nun gemischt und per Hand zu becherähnlichen Gebilden geformt werden.

Die andere Hälfte des Fleisches dreht man mit Zwiebeln, Salz, Pfeffer, feingehackter Petersilie und den geriebenen Walnüssen mehrere Male durch den Fleischwolf. Die entstandene feine Masse schmort unter ständigem Umrühren so lange in einem Topf mit einem 1/4 l Wasser und Margarine, bis die Flüssigkeit verdunstet ist. Das Ergebnis wird in die Teigbecher gefüllt und noch einmal in einem mit einem 1/2 l Wasser gefüllten Topf aufgedünstet.

Hack im Teig
(Etli Hamur)

2 Tassen Mehl, 1 Ei, 1 TL Salz, 1/2 TL Pfeffer, 250 g Rinderhack, 1 feingewürfelte Zwiebel, 1 Bund frische feingehackte Petersilie, 1 EL Butter, 1 TL Paprika, 100 g geriebene Walnüsse

Mehl mit lauwarmem Wasser und Salz zu einem elastischen Teig vermengen, auf Papierdicke ausrollen und in Karos von 5 cm Kantenlänge schneiden. Hackfleisch in einer tiefen Schüssel mit dem Ei, Zwiebeln, Petersilie, Salz und Pfeffer zusammenkneten. Die Masse auf die Teigkaros verteilen, einschlagen, zudrücken und zu fast kugelförmigen Taschen formen. Diese etwa 20 Minuten in viel Wasser auf großer Flamme kochen, herausnehmen, abtropfen lassen, in eine Schüssel legen und mit den geriebenen Walnüssen bestreuen.
In einer Pfanne 1 EL Butter schmelzen, mit Paprika verrühren und auf die Hacktaschen gießen.

Hack im Teig mit Knoblauch

(Manti)

Das gleiche Gericht wie Hack im Teig (Etli Hamur), nur verwendet man statt der Walnüsse eine Joghurtsauce, die mit 3 geriebenen Knoblauchzehen angereichert wurde.

Hacksteak mit Schafskäse

(Mevlana Köfte)

Zutaten wie bei ›Gegrilltem Hacksteak‹ (s. S. 41), zusätzlich 150 g Schafskäse

Die Hackfleischmasse (nur Rinderhack verwenden!) wird in der bereits bekannten Art zubereitet und zu etwa hühnereigroßen, auf beiden Seiten abgeflachten Bällchen geformt. Vor dem Braten oder Grillen werden diese Bällchen mit dem Daumen kurz aufgerissen, mit kleinen Stückchen Schafskäse ›geladen‹ (im Gewichtsverhältnis 5:1) und wieder geschlossen. Jetzt müssen die Bällchen so lange braten, bis der Käse schmilzt und aus dem Hackfleisch fließt.

Hacksteak à la Sultan

(Sultan Köfte)

Zutaten wie bei ›Gegrilltem Hacksteak‹ (s. S. 41), dazu beliebig viel Olivenöl, Zwiebelringe, grüner Paprika, Tomaten und 2 Knoblauchzehen

Fleisch wie zum ›Gegrillten Hacksteak‹ vorbereiten und in Röllchen von der Größe eines Daumens formen. In einer Pfanne mit etwas Olivenöl, Zwiebelringen, grünem Paprika, Tomaten und zwei Knoblauchzehen schmoren.

Von Lamm und Hammel

Kebab ist das häufigste Wort der türkischen Speisekarte. Das Lexikon vermerkt dazu:
›...Lammbraten mit Zwiebeln, Pfeffer, Eiern und Reis.‹
Diese Definition ist unvollständig, denn heutzutage bezeichnen wir auch bestimmte Gerichte mit Rind- und Hammelfleisch als Kebab. Für den Nichttürken verwirrend ist dabei, daß einige Rezepte aus Hackfleisch, die eigentlich Köfte heißen müßten, ebenfalls unter diese Bezeichnung fallen. Kebab nennt sich also eher die Zubereitungs- als die Zutatenart.

Dampf-Kebab

(Islim Kebab)

500 g Lammfleisch in 4 Stücken, 2 EL Margarine, 2 gewürfelte Zwiebeln, 4 geschälte Tomaten, 1 TL Mehl, 1 TL Salz, 1/4 TL Pfeffer, 1/4 TL scharfer Paprika, 2 grüne Paprika in je 2 Querscheiben, 2 Auberginen in je 4 Längsscheiben, 1 Tomate in 4 waagerechten Scheiben, 1 Glas Olivenöl

Das Fleisch in einem Topf so lange schmoren, bis es keine Flüssigkeit mehr abgibt. Margarine, gewürfelte Zwiebeln, Mehl, Salz, Pfeffer und Paprika zufügen. Unter Umrühren schmoren, bis die Zwiebeln gelb sind. Dann die geschälten Tomaten beigeben, erneut ein paar Minuten umrühren und in einem 1/2 l Wasser etwa eine Stunde weiterkochen lassen.

Auberginenscheiben in Olivenöl auf jeder Seite ca. eine Minute lang braten, herausnehmen, abtropfen lassen und die Paprikaschoten im gleichen Öl ebenso braten.

Wenn das Fleisch gar ist, je 2 gebratene Auberginenscheiben in Kreuzform auf den Boden eines flachen Topfes legen. Darauf ein Stück Fleisch, obenauf eine Tomatenscheibe und eine Paprikahälfte. Auberginen nach oben einschlagen und mit Zahnstochern an der Paprika befestigen. Die restlichen 3 Portionen ebenso herstellen. Mit einem Eßlöffel die 4 Fleischpäckchen mit der Sauce aus dem Topf begießen und noch 20 Minuten bei normaler Hitze im Backofen weiterschmoren.

Man kann auch Rindfleisch statt Lamm nehmen und das Gericht, bevor es in den Backofen kommt, mit geriebenem Käse und Butterflöckchen bestreuen.

Pfanne aus Ankara
(Ankara Tavasi)

1 kg Lammkeule, 1 EL Margarine, 100 g kleine Zwiebeln, 1 Tasse frische Erbsen, 100 g Mohrrüben, 1 TL Salz, ½ TL Pfeffer, 500 g Joghurt, 100 g Mehl, 2 geschlagene Eigelb, 1 Zitrone, Knoblauch

Lammkeule mit Knoblauch (nach eigenem Ermessen!), Salz und Pfeffer einreiben, in einer großen Pfanne auf jeder Seite 5 Minuten in der Margarine anbraten und mit dem Saft der Zitrone beträufeln. Danach etwa 60 Minuten lang in 1 l Wasser kochen. Nach ½ Stunde die in feine Scheiben geschnittenen Mohrrüben, Zwiebeln und Erbsen zufügen. Die Brühe durch ein Sieb in einen Extratopf abgießen. Joghurt mit dem Mehl verrühren, gut mit der Brühe mischen, unter ständigem Umrühren 10 Minuten lang kochen und zum Schluß die 2 Eigelb zufügen.
Fleisch und Gemüse in eine Pfanne legen, die Joghurtsauce darübergießen und das Ganze 10 Minuten lang im Backofen braten.
Dieses Gericht wird in den Dörfern rund um die türkische Hauptstadt vor allem bei Hochzeiten serviert. In Restaurants ist diese Spezialität nur selten zu finden.

Der Sultan war entzückt

(Hünkar Begendi)

500 g Hammel- oder Lammfleisch in Stückchen, 4 möglichst dicke Auberginen, 100 g Mehl, 100 g geriebener Käse, 1/2 l Milch, 4 EL Margarine, 1 TL Salz, 1/2 TL Pfeffer, 1 gewürfelte Zwiebel, Thymian

Fleisch auf größerer Flamme so lange braten, bis es keine Flüssigkeit mehr abgibt. Dabei ständig mit einem Holzlöffel umrühren. 3 EL Margarine, gewürfelte Zwiebel, Pfeffer und etwas Thymian zugeben. Wenn die Zwiebeln gelb sind, in einem 1/2 l Wasser noch ein paar Minuten auf gleicher Hitze weiterkochen. Mit Salz abschmecken und etwa 1/2 Stunde auf kleiner Flamme stehen lassen.

Währenddessen die Auberginen auf einem (Holzkohlen-)Grill so lange braten, bis sie weich sind. Jetzt schälen, in etwa 1 cm dicke Querscheiben schneiden und in einem Topf mit dem Mehl und 1 EL Margarine unter Umrühren schmoren, die vorher erhitzte Milch, den Käse* und Salz beifügen und noch ein paar Minuten auf kleiner Hitze stehen lassen. Es entsteht ein Püree.

Beim Servieren die Fleischstücke auf das Auberginenpüree legen. Als Beilage sind geschnittene rohe Tomaten zu empfehlen.

* Sollte kein original-türkischer Käse zu bekommen sein (Kaschár Peinire), eignet sich Holländer für dieses Gericht.

Lamm im Tontopf

(Kuzu Güveci)

500 g Lammfleisch in Stückchen, 2 gewürfelte Zwiebeln, 250 g kleine Nudeln, 2 EL Margarine, 4 geschälte Tomaten, 1 EL Butter, 100 g geriebener Käse, ½ TL Salz, ½ TL Pfeffer

Fleisch unter ständigem Umrühren so lange auf größerer Flamme braten, bis es keine Flüssigkeit mehr abgibt. Margarine und gewürfelte Zwiebeln zugeben und braten, bis die Zwiebeln gelb werden. ½ l Wasser dazugeben, pfeffern, salzen, kurz auf größerer Flamme, dann etwa 20 Minuten auf kleiner Flamme weiterschmoren.
Die Nudeln in einem zweiten Topf nicht zu weich kochen. Eine Schicht Fleisch auf den Boden eines Tontopfes legen, darauf eine Schicht Nudeln, wieder eine Schicht Fleisch und als Abschluß eine Lage Nudeln. Den geriebenen Käse darüberstreuen und das Ganze mit den in dünne Scheiben geschnittenen Tomaten bedecken. Mit 1 EL Butter bei mittlerer Hitze 15 Minuten lang im Backofen lassen.

Lamm in Kopfsalat
(Kuzu Kapama)

500 g Lammfleisch in 4 Stücken, 5 möglichst frische Zwiebeln in je 4 Scheiben geschnitten, 1 EL Margarine, 4 große Blätter Kopfsalat, 1 Bund frischer Dill, 1 Knoblauchzehe, 1 TL Salz, Pfeffer

Lammfleischstücke mit viel Wasser halbgar kochen, herausnehmen, mit Knoblauch einreiben, salzen, pfeffern und nebeneinander in einen anderen Topf legen. Im ersten Topf Zwiebelscheiben und Salatblätter ein paar Minuten in der Fleischbrühe erhitzen (nicht kochen!). Die Zwiebelscheiben herausnehmen, die Fleischstücke im anderen Topf verteilen und mit den Salatblättern zudekken. Den gehackten Dill darüberstreuen, die Margarine und 2 Wassergläser von der Brühe im Topf 1 zugeben und das Ganze mit geschlossenem Deckel auf kleiner Flamme etwa 1 Stunde lang ziehen lassen.

Fleisch am Spieß

(Sis Kebab)

500 g Lamm-, Hammel- oder Rindfleisch, 1 in etwa 2 cm große Würfel geschnittene Zwiebel, 2 Zwiebeln, 1 in etwa 2 cm große Quadrate geschnittene Paprikaschote, 2 cl Olivenöl, 1 cl Zitronensaft, 1 TL Salz, 1/2 TL Pfeffer, 1/2 TL scharfe Paprika, Thymian

Sehnen und Fett entfernen, Fleisch in Würfel schneiden, die 2 Zwiebeln darüberreiben, mit Pfeffer, Salz, Paprika, Thymian, dem Zitronensaft und Olivenöl in einer tiefen Schüssel gut vermengen und einen Tag im Kühlschrank stehen lassen. Fleisch mit den Zwiebel- und Paprikastückchen auf 4 Spieße verteilen (Paprika, Fleisch, Zwiebel, Paprika, Fleisch, Zwiebel ...) und auf einem (Holzkohlen-)Grill braten.

Harem-Kebab

Eine Variante des ›Fleisch am Spieß‹ (Sis Kebab). Zusätzlich zu den Fleischwürfeln werden Hackfleischbällchen, Scheiben der würzigen türkischen Wurst (Súdschuk), und zwar in der Reihenfolge Fleisch, Zwiebel, halbierte Tomate, Hack, Paprika und türkische Wurst auf die Spieße gesteckt.

Lamm in Papier

(Kuzu Kagit Kebabi)

500 g Lammfleisch ohne Knochen und in Scheiben, 1 TL Salz, 1 Prise Pfeffer, Thymian, 1 EL Butter, 200 g frische Erbsen, 3 geschälte Tomaten, 200 g kleine Zwiebeln, 1 Stück Butterbrotpapier (oder Alufolie, dann aber verlängerte Garzeit!)

Butterbrotpapier auf einer Seite einfetten, die Lammfleischscheiben darauflegen. Mit dem EL geschmolzener Butter begießen und mit Salz, Pfeffer, Thymian und den geschälten Zwiebeln würzen. Die gekochten Erbsen und gemusten Tomaten darübergeben, das Butterbrotpapier zu einer Tasche falten und in einer Pfanne 1 Stunde im Backofen bei mittlerer Temperatur durchgaren.
Achtung: Das Papierpaket von Zeit zu Zeit mit kaltem Wasser bespritzen, damit es nicht ankohlt.

Lamm mit Auberginen

(Patlican Kagit Kebabi)

Zubereitung wie beim ›Lamm in Papier‹, nur nimmt man statt der Erbsen 2 geschälte und in Würfel geschnittene Auberginen, die vorher in Olivenöl angebraten wurden. Statt der Auberginen kann man aber auch ungeschälte Peperoni verwenden. Ist das ›Paket‹ fertig, wird es geöffnet, dann gießt man etwas geschmolzene Butter darüber, würzt mit Thymian und Pfeffer nach, verschließt das ›Paket‹ wieder und läßt es noch etwa 10 Minuten im Backofen ziehen.

Auberginen-Kebab
(Patlican Kebab)

500 g Lamm-, Hammel- oder Rindfleisch, 3 Auberginen, 2 gewürfelte Zwiebeln, 2 EL Margarine, 4 Tomaten, 2 Knoblauchzehen, 1 TL Salz, ½ TL Pfeffer, ½ TL scharfer Paprika, Thymian

Fleisch in Würfel schneiden, ohne Fett unter Umrühren so lange braten, bis es keine Flüssigkeit mehr abgibt. Dann weitere 5 Minuten in der Margarine schmoren, gewürfelte Zwiebeln, die feingeschnittenen Knoblauchzehen, Salz, Pfeffer, Paprika und Thymian dazugeben und braten, bis die Zwiebeln gelb werden. 1 Glas Wasser darübergießen. Tomaten in kleinen Stücken dazufügen und das Ganze mit einem weiteren Glas Wasser auf kleiner Flamme schmoren lassen.
Währenddessen die Auberginen in längliche Streifen schneiden und fritieren. Dann würfeln und in den Topf mit dem Fleisch geben. Etwa 10 Minuten weiterbraten.

Auberginen am Spieß

(Patlican Cöp Kebab)

500 g Lammfleisch ohne Knochen, 2 Zwiebeln, 1 Zitrone, 2 rohe Tomaten, 4 geschälte Tomaten, 2 möglichst kleine Auberginen, 1 grüne Paprikaschote, Oliven, 1 EL Margarine, 1 TL Salz

Lammfleisch in Würfel von etwa 3 cm Kantenlänge schneiden, in eine Schüssel legen, eine Zwiebel darüberreiben, mit dem Saft der Zitrone und dem Olivenöl beträufeln und 24 Stunden lang im Kühlschrank ziehen lassen.

Auberginen schälen, aber an beiden Enden ein 2 cm breites Stück Schale stehen lassen. Halbieren, von beiden Seiten gut durchbraten, abtropfen und kühlen lassen. Das eingelegte Fleisch mit dem Gemüse auf 4 Spieße verteilen, und zwar in der Reihenfolge: Fleisch, Paprika, Aubergine, Tomate, Fleisch, Paprika, Aubergine, Tomate...

In einer Pfanne die zweite Zwiebel reiben, mit den 4 geschälten Tomaten, Salz und Pfeffer vermusen und schmoren. Die Spieße hineinlegen und etwa 20 Minuten lang braten.

Statt Lamm kann man auch Rindfleisch nehmen, das mit einer Mischung aus geriebenem Käse und einem geschlagenen Eigelb übergossen und 5 Minuten überbacken wird.

Sultan-Kebab

500 g Lammfleisch ohne Knochen, in Würfel geschnitten, 1 EL Butter oder Margarine, 2 in feine Würfel geschnittene Zwiebeln, 1 TL Salz, 4 Artischocken, 4 geschälte Tomaten, 1 grüne Paprikaschote, 100 g feine Erbsen, 1 Zitrone in Scheiben, Pfeffer, Thymian

Lammfleisch im Fett schmoren, erst die in feine Streifen geschnittene Paprikaschote, später Zwiebeln, Tomaten, Salz, Pfeffer und Thymian dazugeben, gut verrühren und in einem $^1/_2$ l Wasser aufkochen. Jetzt auf kleiner Flamme 1 bis $1^1/_2$ Stunden stehen lassen. Gleichzeitig die Erbsen kochen.

Artischocken putzen, äußere Blätter entfernen, mit den Zitronenscheiben einreiben und in gesalzenem Wasser kochen. Durch Herauslösen des Heus Körbchen herstellen und diese in einen flachen Topf setzen. Fleisch mit einer Kelle in die Artischocken füllen, darüber die gekochten Erbsen und als Abschluß die Sauce aus dem Fleischtopf. Die Körbchen bei mittlerer Hitze 15 Minuten lang in den Backofen stellen.

Bosporus-Kebab

(Bogazici Kebabi)

250 g Lammfleisch (möglichst ohne Fett), 4 große grüne Paprikaschoten, 1 mittelgroße Aubergine, 1 mittelgroße Zwiebel, 4 kleine geschälte Tomaten, 50 g Pinienkerne, 50 g Champignons, 1 Bund frische Pfefferminzblätter, 1 TL Thymian, 1 TL Salz, 1 TL Pfeffer, 1 Prise Zimt, 4 Eidotter, 150 g geriebener türkischer Hartkäse, 3 EL Margarine, Olivenöl

Paprikaschoten putzen und in kaltem Wasser waschen. In Öl braten, abtropfen lassen und auf einem Teller bereitlegen.

Auberginen abschälen, aber ca. 1 cm lange Streifen von der Schale stehen lassen, in Würfel von ca. 1 cm Kantenlänge schneiden, Lammfleisch würfeln und mit der Margarine, den gewürfelten Zwiebeln, Auberginen, Salz, Pfeffer, Pinienkernen und Thymian in einer größeren Pfanne unter ständigem Umrühren auf großer Flamme ca. 10 Minuten schmoren. Zerkleinerte Tomaten, Pfefferminzblätter und Champignons zugeben, verrühren und die Pfanne von der Flamme nehmen. Die geschmorte Masse mit Eßlöffeln in die Paprikaschoten füllen. Eidotter, Käse und Zimt gut verrührt auf die gefüllten Schoten verteilen und diese bei mittlerer Hitze ca. 10 Minuten im Backofen ziehen lassen.

Achtung: Anstelle des Lamms können Sie auch Rind- oder Kalbfleisch nehmen. Statt Pfefferminzblättern läßt sich frischer Dill verwenden. Soll das Gericht schärfer ausfallen, empfiehlt der Verfasser ½ TL Chilipfeffer.

Eier- und Geflügelgerichte

Türkisches Omelett

(Omlet)

4 Eier, 50 g geriebener Schafskäse, 1 geriebene Zwiebel,
1 Bund Petersilie (fein gehackt), 1/2 TL Salz, 1/4 TL Pfeffer,
20 g kleingeschnittene Champignons, 1 EL Butter

Eier in einer tiefen Schüssel mit Zwiebel, Schafskäse, Petersilie, Pfeffer, Salz und Champignons gut vermengen. In einer Pfanne mit der Butter von beiden Seiten durchbraten.

Eier in Knoblauchsauce

(Çilibir)

4 Eier, 2 EL Butter, 1 TL Salz, 250 g Joghurt, ½ TL Paprika, 4 Knoblauchzehen, 1 Tasse Essig

1 l Wasser mit Salz und Essig kochen, Flamme kleinstellen, die 4 Eier aufschlagen und hineingleiten lassen. Wenn das Eiweiß hart ist, mit der Kelle in eine flache Schüssel schöpfen. Joghurt schlagen, mit den geriebenen Knoblauchzehen verrühren und über die Eier gießen. Butter mit Paprika schmelzen und ebenfalls zufügen.

Eier mit türkischer Wurst

(Sucuklu Yumurta)

4 Eier, 100 g türkische Wurst in Scheiben, 1 EL Butter

Wurst mit der Butter in einer kleinen Pfanne schmoren und an den Rand schieben. Die Eier hineinschlagen, Pfanne zudecken und das Ganze 5 Minuten durchbraten.

Eier mit Hackeinlage

(Kiymale Yumurta)

8 Eier, 250 g Rinderhack, 2 Zwiebeln in kleinen Würfeln, 1 TL Salz, ½ TL Pfeffer, 1 Prise Paprika, 4 frische Peperoni, 4 geschälte Tomaten, 1 EL Margarine, ½ Bund frische Petersilie

In einer breiten Pfanne Hack, Zwiebeln und die in kleine Ringe geschnittenen Peperoni mit der Margarine schmoren. Tomaten zerdrücken und unter Umrühren mit Salz, Pfeffer und Petersilie abschmecken. 3 Minuten lang schmoren. Platz für die Eier schaffen, diese in die Pfanne schlagen, das Ganze zudecken und auf kleiner Flamme 5 Minuten garen lassen.

Gebratener Spinat mit Eiern
(Yumurtale Ispanak Kavurmasi)

8 Eier, 1 kg frischer Spinat, 2 große Zwiebeln, 3 EL Butter, Salz, Pfeffer und Paprika

Den Spinat gründlich waschen und abtropfen lassen, auf großer Flamme etwa 10 Minuten kochen, durch ein Sieb gießen, wieder abtropfen und dann abkühlen lassen. Jetzt mit der Hand kräftig auspressen, bis keine Flüssigkeit mehr heraustropft. In einer Pfanne Butter schmelzen und die Zwiebeln kleingewürfelt dazugeben. Wenn die Zwiebeln glasig werden, Spinat, Pfeffer und Salz dazugeben und unter Umrühren schmoren lassen.
Wenn der Spinat ausreichend geschmort ist, schiebt man ihn etwas zur Seite und macht Platz für die Eier. Diese werden als Spiegeleier hineingeschlagen, mit Paprika bestreut und unter einem Deckel gebraten.

Huhn mit Zwiebeln und Tomatensauce

(Tavuk Yahnisi)

1 gesäubertes Huhn, 250 g geschälte Zwiebeln, 50 g Champignons, 2 große Kartoffeln, 2 EL Butter, 1 EL Mehl, 1 kleine grüne Paprikaschote, 2 Prisen Salz, 1 Prise Pfeffer, 1 Prise Paprika, 250 g geschälte Tomaten, 100 g Patnareis, 1 g Safran

Das gesäuberte Huhn in 4 Teile schneiden und gar kochen. In einem anderen Topf 1 EL Butter mit 1 EL Mehl verrühren, in Scheiben geschnittene Paprika, Zwiebelringe, Champignons und je 1 Prise Salz, Pfeffer und Paprika dazugeben, umrühren. Etwas später die geschälten, in kleine Stücke geschnittenen Kartoffeln und die Tomaten zufügen, weiter umrühren. Die 4 Hühnerteile darauflegen, Deckel schließen und etwa 5 Minuten dämpfen. 2 Kellen Hühnerbrühe dazugeben und auf kleine Flamme stellen.

Reis in einem Topf mit 1 EL Butter und 1 Prise Salz verrühren und schmoren, bis er bräunt. Eingeweichter Safran und 1 Glas Hühnerbrühe dazugeben, umrühren und bei geschlossenem Deckel 10 bis 15 Minuten garen.

Gemüsegerichte

Kohl mit Knoblauch
(Hingila)

1 kg Spitzkohl, 2–3 Zwiebeln, 200 g Weizenschrot, 1/2 Tasse Weinessig, 2 EL Margarine, 1 TL Salz, 2 EL Olivenöl, 2 Knoblauchzehen, 1 Prise Chilipfeffer, 2 TL Rosenpaprika

Kohl waschen und in schmale Streifen schneiden, Zwiebeln als Ringe in einem tiefen Topf in dem vorher erhitzten Öl leicht glasig dünsten, Kohl mit Margarine, dem gut gespülten Weizenschrot, Paprika und Chilipfeffer dazugeben. Bei fest verschlossenem Deckel auf mittlerer Hitze angaren, nach ca. 10 Minuten 1/2 l Wasser darübergießen, kurz aufkochen und auf kleiner Hitze ca. 1/2 Stunde stehen lassen. In der Zwischenzeit die Knoblauchzehen reiben und mit dem Essig mischen. Kurz bevor das Gericht fertig ist, die Essig-Knoblauch-Marinade unterziehen.
Anstelle von Weizenschrot kann auch ungeschälter Langkornreis verwendet werden. Wer kein Essigfan ist, möge für die Marinade Rot- oder Weißwein nehmen.

Kalte Auberginen

(Zeytinyagle Patlican Dolmasi)

4 mittelgroße, möglichst nicht zu sehr gebogene Auberginen, 125 g Patnareis, 4 Tomaten, 125 g Olivenöl, 250 g feingehackte Zwiebeln, 20 g Pinienkerne, 20 g Korinthen, 1 TL Salz, 1 TL Pfeffer, 1 TL Raffinadezucker, ½ Bund Dill, 8 Blätter frische Pfefferminze

Olivenöl, Zwiebeln und Pinienkerne in einem tiefen Topf schmoren, bis die Zwiebeln gelb werden. Gewaschenen Reis, Salz und Pfeffer dazugeben, 5 Minuten schmoren, unter sorgfältigem Umrühren Zucker, Dill und Pfefferminze beimischen, ½ l Wasser zugießen, 3 Minuten auf großer Flamme kochen und 15 Minuten lang bei geringer Hitze garen lassen.

Von den Auberginen schneidet man die beiden Enden ab und teilt sie in der Mitte waagerecht durch. Mit einem Messer oder Löffel aushöhlen und füllen. Senkrecht in einen Topf stellen und mit einer halben Tomate verschließen. 1 Glas Wasser zugießen und ca. 20 Minuten lang garen lassen.

Kalt servieren.

Statt Auberginen kann man mit der gleichen Mischung auch Paprikaschoten, Weinblätter und Kohlrouladen füllen. Dann ändern sich natürlich die Kochzeiten.

Gefüllte Auberginen

(Patlican Karniyarik)

4 nicht zu dicke Auberginen, 200 g Rinderhack, 1 EL Margarine, 2 Zwiebeln, 5 Tomaten, 1 Bund Petersilie, 1 TL Salz, 1 TL Pfeffer, 1 Tasse Olivenöl

Auberginen in kaltem Wasser waschen, so abschälen, daß 2 cm breite Streifen stehen bleiben und in der Innenwölbung bis zur Mitte der Länge nach einschlitzen. In $^1/_2$ Tasse Olivenöl von beiden Seiten dünsten, herausnehmen und abtropfen lassen. Gewürfelte Zwiebeln in der Margarine leicht glasig braten. Hack und 3 zerkleinerte, geschälte Tomaten daruntermengen und garen lassen. Die feingehackte Petersilie dazugeben, mit Salz und Pfeffer abschmecken und in die Auberginen füllen. Diese öffnet man, indem man beide Daumen in den Schlitz steckt und diese auseinanderzieht. Zur Abdeckung der Füllung wird mit zwei Tomatenvierteln verkeilt.

Das restliche Öl in einen hohen Topf geben, die Auberginen mit den Tomaten nach oben hineinlegen und etwa 2 Minuten andünsten, 0,2 l Wasser zuschütten und etwa 10 Minuten köcheln lassen. Mit Pfeffer und Salz nachwürzen, zum Servieren gehackte Petersilie darüberstreuen. Als Beilage empfehlen sich Reis, Weißbrot oder türkisches Fladenbrot.

Überbackene Auberginen

(Patlican Karniyarik Yumurtali Peynirli)

4 nicht zu dicke Auberginen, 200 g Rinderhack, 1 EL Margarine, 2 Zwiebeln, 4 Tomaten, 1 Bund Petersilie, 1 TL Salz, 1 TL Pfeffer, 1 Tasse Olivenöl, ca. 150 g geriebener Käse, 1 Ei, 50 g Butter*

Zubereitung zunächst wie ›Gefüllte Auberginen‹. Die gedünsteten, mit Hack gefüllten Auberginen werden mit dem verquirlten Ei bestrichen, mit dem Käse und Butterflöckchen beschichtet. Auf dem Blech oder in einer feuerfesten Form im vorgeheizten Backofen etwa 5 bis 7 Minuten bei ca. 180 Grad auf mittlerer Stufe überbacken.

* Sollte original-türkischer Käse nicht zu bekommen sein, eignet sich Holländer für dieses Gericht.

Artischocken mit Hack

(Enginar Oturtma)

8 möglichst große Artischocken, 400 g Lammhack, 1 EL Butter, 1 TL Salz, 1 TL Pfeffer, 4 Tomaten, 1 Zwiebel, Saft von zwei Zitronen, 100 g geriebener Käse, 1 Eigelb, 1 Knoblauchzehe

Nur die Artischockenböden verwenden, in einem Topf mit gesalzenem Wasser und Zitronensaft ca. 20 Minuten kochen und abtropfen lassen. Die gewürfelte Zwiebel in Öl andünsten, Hack, Tomaten, Salz und Pfeffer hinzufügen, nochmals leicht dünsten und gut vermengen. Eine feuerfeste Form oder ein Blech mit der Knoblauchzehe abreiben, einfetten, die Artischockenböden mit der Hackmasse füllen, mit dem geschlagenen Eigelb bestreichen und geriebenen Käse darüberstreuen. Bei mittlerer Hitze im vorgeheizten Backofen etwa 10 Minuten überbacken.

Okraschoten mit Lammfleisch
(Etli Bamya)

500 g frische Okraschoten, 200 g Lammfleisch in Würfeln, 2 EL Margarine, 2 Tassen Wasser (besser: Fleischbrühe), 2 Zwiebeln, 4 Tomaten, 1 TL Salz, Saft einer Zitrone, 1 Prise Pfeffer

Okraschoten putzen, in einem Sieb mit kaltem Wasser waschen, abtropfen lassen und in 1 l Wasser mit dem Saft der Zitrone etwa 20 Minuten kochen. Wieder abtropfen lassen. Achtung: Okraschoten beim Putzen nicht zu tief einschneiden, weil sonst die Flüssigkeit aus dem Inneren entweicht. Werden Okraschoten aus der Dose verwendet, erübrigt sich der oben geschilderte Vorkochprozeß.
Gewürfeltes Lammfleisch in einer tiefen Pfanne mit Margarine kurz anbraten, gewürfelte Zwiebeln, geschälte und geviertelte Tomaten dazugeben, mit Pfeffer und Salz abschmecken. Okraschoten darauflegen, bei geschlossenem Deckel so lange garen, bis die Flüssigkeit verdampft ist. 2 Tassen Wasser (oder Fleischbrühe) dazugeben und noch 10 Minuten dünsten.
Als Beilage kann ich türkisches Fladenbrot, Weißbrot oder Reis empfehlen.
Statt Lammfleisch kann man auch Hammel- oder Rinderhack verwenden.

Grüne Bohnen mit Hackeinlage

(Kiymali Yesil Fasulye)

1 kg frische grüne Brechbohnen, 200 g Hackfleisch (vom Rind), 1 Zwiebel, 100 g Reis, 1 TL Salz, ½ TL Pfeffer, ½ Bund Petersilie, ½ Tasse Mehl, 2 Knoblauchzehen, ½ Tasse Essig, 3 EL Margarine oder Butter

Kleingehackte Zwiebel mit der Margarine und dem Hackfleisch zusammen schmoren, dann die Brechbohnen und den Reis hinzufügen und ein paarmal umrühren. Bei geschlossenem Deckel 5 Minuten kochen lassen, mit 1 l Wasser auffüllen, salzen und zuerst auf großer, dann auf kleiner Flamme durchkochen. Bevor der Topf vom Feuer geholt wird, fügen Sie die feingehackte Petersilie, den Pfeffer und die Tasse Essig, in der die Knoblauchzehen zerquetscht wurden, hinzu.

In einigen türkischen Spezialitätenrestaurants wird diese Suppe nicht mit Rinderhack, sondern mit Hammel- oder Lammfleisch serviert.

Gefüllte Zucchini

(Kabak Dolmasi)

1 kg Zucchini, 250 g Rinderhack, 1 mittelgroße Zwiebel, 1 Bund frischer Dill, 2 EL Butter, 50 g Patnareis, 1 TL Salz, ½ TL Pfeffer, 3 geschälte Tomaten

Gewaschene Zucchini schälen und vom Stengel her senkrecht aushöhlen. In einer tiefen Schüssel gewürfelte Zwiebel, Fleisch, feingehackten Dill und gut gewaschenen Reis mit Pfeffer und Salz gut vermengen und durchkneten. Den Teig mit ¼ Glas Wasser etwas weicher machen, in die Zucchini füllen und diese in einen tiefen Topf stellen. Zerkleinerte Tomaten und Butter dazugeben, das Ganze etwa 10 Minuten lang schmoren lassen, lauwarmes Wasser auffüllen und auf kleiner Flamme 10 Minuten garen lassen.

Dazu paßt eine Knoblauch-Joghurt-Sauce: 250 g Joghurt mit 4 geriebenen Knoblauchzehen verrühren.

Garten und Grill

Der Spindelgrill
(Döner Kebab)

Dieses Gericht ist eine sehr beliebte türkische Spezialität, die sich aber nur sehr schwer zu Hause verwirklichen läßt, weil zu seiner Zubereitung ein spezieller, senkrecht stehender Grill erforderlich ist. Zudem erfordert seine Zubereitung großes Geschick.
Zunächst befreit man Lamm- oder Hammelfleisch von Sehnen und Knorpeln und schneidet es in hauchdünne Scheiben. Diese Scheiben werden je nach Stärke bis zu 24 Stunden eingelegt. Jeder Koch tut dies auf seine besondere Art. Im ›At Nali‹ geschieht dies mit Milch, Eiern, Olivenöl, Salz, Pfeffer und geriebenen Zwiebeln. Andere nehmen Schafskäse, Olivenöl und Zwiebeln.
Bei der eigentlichen Zubereitung wird Hackfleisch mit Salz, Pfeffer und einer geriebenen Zwiebel zusammengeknetet und zu dünnen Scheiben geformt. Über den senkrecht stehenden Spieß des Grills werden sodann abwechselnd die vorbereiteten Lamm- oder Hammelscheiben und die Hackfleischscheiben in Spindelform aufgeschichtet. Dieser Spieß wird senkrecht vor dem Grill gedreht. Sobald die Oberfläche des Fleisches knusprig geröstet ist, wird sie in dünnen Streifen von oben nach unten abgeschält und serviert. Das darunter liegende Fleisch röstet nach und wird Lage für Lage heruntergeschnitten.

Erdofen
(Tandir Kebab)

Ein sehr altes Rezept. Man benötigt dazu einen Erdofen, den viele türkische Familien beim Haus haben. Er ist nicht besonders schwer zu bauen: Eine 1 x 1 Meter messende, etwa 1 m tiefe Grube wird mit Ziegelsteinen ausgekleidet, über die Öffnung wird eine Eisenstange gelegt, von der das Fleisch an Haken in die Grube hängt. Die Öffnung wird mit einem Blech oder Sand auf einer Matte luftdicht verschlossen. Auf dem Boden der Grube brennt ein Holzkohlenfeuer.

Man reibt ein oder zwei ganze Lämmer mit Pfeffer und Salz ein und hängt sie in die Grube. Nach ca. 1½ Stunden ist das Fleisch durchgebraten und wird auf einem großen Holzbrett zerteilt und serviert. Zum ›Tandir Kebab‹ reicht man Reis mit Butter, Pistazien, Korinthen, Pfefferminzblättern und ›Ayran‹ (Buttermilch).

Bei einer anderen Zubereitungsart reibt man das Lammfleisch nicht mit Pfeffer und Salz, sondern mit Joghurt ein.

Fischgerichte

Gebratener Thunfisch
(Palamut Tavasi)

2 kleine Thunfische à 350 bis 400 g, 1 Tasse Mehl, 1 EL Salz, 1 Tasse Olivenöl, gehackte Petersilie, 1 Zitrone in Scheiben

Fische auf Holzbrett legen, Köpfe und Schwänze entfernen, von vorne bis Körpermitte aufschlitzen, ausnehmen und in ca. 2 cm dicke Scheiben schneiden.
In Wasser waschen, salzen und abtropfen lassen.
In Mehl beidseitig wälzen, im Öl braten. Zum Servieren mit Petersilie bestreuen und mit Zitronenscheiben anrichten.

Gedämpfter Seebarsch
(Levrek Buglamasi)

800 g Seebarsch am Stück, 100 g Mohrrüben, 100 g grüne Bohnen, 100 g Kartoffeln, 1 Zwiebel, geviertelt, 1 l Fleischbrühe, 1 Bund Petersilie, 1 Zitrone, 1 TL Salz, 4 Lorbeerblätter

Seebarsch säubern, ausnehmen und in 4 Teile schneiden. In einem tiefen Topf das Gemüse mit den Kartoffeln, den Zwiebeln, Lorbeerblättern, Salz und der Fleischbrühe ca. 20 Minuten lang kochen. Die 4 Teile Fisch in einer tiefen Pfanne mit 2 Wassergläsern Brühe und der gehackten Petersilie ebenfalls 20 Minuten lang dünsten. Dabei je 1 Zitronenscheibe auf je 1 Teil Fisch legen. Gut zudecken!

Schwertfisch am Spieß

(Kilic Sis)

600 g Schwertfischfilet, 1 Paprikaschote, 1 Zwiebel in Scheiben, 2 Zitronen, Lorbeerblätter, 1 Bund Petersilie (gehackt), 1/2 Tasse Zitronensaft

Schwertfischfilets in Würfel von etwa 3 cm Kantenlänge schneiden, mit Zwiebelscheiben, der aufgeschnittenen Paprika, Zitronenvierteln und Lorbeerblättern auf Spieße stecken. Diese auf dem Holzkohlengrill von beiden Seiten gut durchbraten. Mit Zitronensaft übergießen und mit gehackter Petersilie servieren.

Fischsuppe

(Balik Corbasi)

1 kg Fisch, 1 mittelgroße Zwiebel in 4 Stücken, 50 g Kartoffeln, 50 g Mohrrüben, 25 g Sellerie, $1/2$ Bund Petersilie, 2 Eidotter, Saft einer Zitrone, $1/2$ EL Salz, Pfefferminzblätter, 1 Prise Salz, 1 Prise scharfer Paprika, Zimt*

Fisch mit $1/2$ EL Salz und den Zwiebelstücken in 1 l Wasser auf mittlerer Flamme etwa 20 Minuten lang kochen. Abgießen, Zwiebel herausnehmen, Fisch enthäuten und ausgräten. Brühe auf mittlerer Hitze kochen. Kartoffeln in Würfel von 1 cm Seitenlänge schneiden, Mohrrüben und Sellerie dazugeben, 10 Minuten stehen lassen. Gesäuberten Fisch dazugeben. Eidotter mit Schneebesen schlagen und langsam einrühren (damit es nicht gerinnt). Saft der Zitrone und gehackte Petersilie beifügen. Pfefferminzblätter mit der Hand einreiben und Pfeffer und Paprika zugeben, umrühren. Suppe vom Feuer nehmen und auf Teller verteilen. 3 Minuten abkühlen lassen, da man diese Fischsuppe nicht ganz heiß ißt.
Beim Servieren gehackte Petersilie, Zimt oder etwas Zitronensaft darübergeben.
Je nach Lust und Laune kann man die Suppe auch mit $2/10$ l Weißwein verfeinern. Als zusätzliches Gemüse lassen sich geschälte Tomaten verwenden. Soll die Suppe etwas dicker sein, mit 2 EL Mehl, in 1 Glas Wasser verrührt, anreichern.

* Für diese deftige Suppe kann man fast alle Fischsorten verwenden, die weißes Fleisch besitzen.

Gegrillte Makrelen in Weinblättern

(Asma Yapragi ile Uskumru Izgarasi)

4 Makrelen, 20 Weinblätter, 1 Bund Petersilie (gehackt), 1 EL Olivenöl, 1 TL Salz, Saft einer Zitrone

Makrelen säubern, ausnehmen und salzen.
Eine Hälfte des Grillhalters mit zehn Weinblättern belegen, Fische darauftun, dann die andere Hälfte mit den restlichen Weinblättern polstern. Grillhalter zuklemmen und jede Seite rund 7 Minuten auf dem (Holzkohlen-) Grill durchbraten. Öffnen, Weinblätter entfernen, Fisch mit einer Sauce aus Olivenöl, Zitronensaft und Salz servieren.
Mit Petersilie garnieren.

Sardinen in Folie
(Sardalya Kagit Izgarasi)

800 g Sardinen, 1 große Zwiebel, 1 Paprikaschote, 4 Tomaten, 1 TL Salz, 1 TL Pfeffer, 20 Lorbeerblätter, 1 Bund Petersilie, 2 Zitronen in Scheiben, 100 g geschnitzelte Champignons

Sardinen ausnehmen, salzen, in 4 Portionen aufteilen und mit Zwiebelringen, Tomatenscheiben, Paprika, Pfeffer, Lorbeerblättern und Champignons in Alufolie packen. Jede Seite 8 bis 10 Minuten grillen, auspacken, mit Petersilie garnieren und auf den Tisch bringen.
Als Getränk paßt Raki.

Reisbeilagen

Pilav

400 g Langkornreis, 100 g Butter, 1 TL Salz

Reis in einem Sieb gut waschen. 0,8 l Wasser zum Kochen bringen, Reis hineinschütten, Butter und Salz zugeben, einige Male kräftig umrühren.
Bei fest verschlossenem Topf 15 bis 20 Minuten vor sich hin simmern lassen. Den garen Reis einige Male von unten her mit der Gabel anheben. 5 Minuten bei wieder geschlossenem Topf ruhen lassen (dadurch verliert der Reis Feuchtigkeit und wird körnig).
Pilav ist als Reisgericht Hauptbestandteil der türkischen Küche, vergleichbar etwa mit der Kartoffel Deutschlands und mit den Spaghetti der Italiener.
Es gibt zahlreiche Möglichkeiten und Varianten seiner Zubereitung:
Nimmt man statt Wasser Hühner- oder Rindfleischbrühe, bekommt das Pilav einen kräftigeren Geschmack.
Eine andere Möglichkeit ist, den Reis im Kochtopf unter ständigem Wenden in Butter andünsten, mit Brühe oder heißem Wasser auffüllen, mit Salz würzen, dann den Topf schließen und bei kleiner Hitze ca. 15 Minuten garen lassen.

Tomatenreis

400 g Reis, 2–3 Tomaten, 100 g Butter, 1 TL Salz, 1/2 TL Pfeffer

2 oder 3 Tomaten in Würfel schneiden und mit 100 g Butter, 1 TL Salz und 1/2 TL Pfeffer in einem Topf so lange umrühren, bis die Butter flüssig wird. Reis zugeben, unter ständigem Wenden andünsten, mit Brühe oder heißem Wasser auffüllen, umrühren, damit der Reis nicht ansetzt und auf kleiner Flamme ca. 15 Minuten ziehen, danach ein paar Minuten ruhen lassen.
Durch Schälen der Tomaten vor dem Kochen wird eine Verfeinerung erreicht.
Anstelle der Tomaten können auch (frische oder tiefgekühlte) 150 g Erbsen, 100 g Linsen oder 100 g Zuckererbsen verwendet werden, abgeschmeckt mit einem 1/4 Bund frischen Dill.

Auberginenreis

Zubereitung wie Tomatenreis. Statt der Tomaten jedoch 1 mittelgroße Aubergine in Würfel schneiden, in einer Pfanne mit Olivenöl braten und mit dem Reis dünsten lassen.

Luxusreis

500 g Langkornreis, 1 l Wasser, 100 g Lammleber, 150 g Butter, 1½ TL Salz, 1 TL Pfeffer, 50 g Pinienkerne, 50 g Korinthen, 1 große Tomate, 1 mittelgroße Zwiebel, ½ Bund frischer Dill

In einem großen Topf die Butter auf mittlerer Flamme schmelzen lassen, feingewürfelte Zwiebeln und Pinienkerne unter ständigem Umrühren hineingeben. Bevor die Zwiebeln glasig werden, die feingewürfelte Lammleber beifügen, 2 bis 3 Minuten schmoren lassen, umrühren und den gut gewaschenen Langkornreis, die geschnittene Tomate, Salz, Pfeffer und Korinthen dazutun. Ein paar Minuten unter ständigem Umrühren andünsten. Schließlich kochendes Wasser oder heiße Brühe darübergießen und nochmals eine Minute auf voller Flamme kochen. Topf verschließen und mit festem Deckel ca. 20 Minuten auf kleiner Flamme garen.

Sobald der Reis fertig ist, mit der Gabel von unten her vorsichtig anheben und ein paar Minuten im verschlossenen Topf lassen.

Vor dem Servieren den frischen Dill gehackt darüberstreuen. Statt der Lamm- kann auch Rinder- oder Hühnerleber verwendet werden.

Dieses Reisgericht wird besonders zu Lamm-, Kalbs- oder Rinderbraten serviert.

Lammreis

400 g Reis, 250 g Lammfleisch, 4 geschälte Tomaten, 2 große Zwiebeln, 1 Prise Salz, 1 Prise Pfeffer, 4 Eidotter, 50 g geriebener Käse, frische Pfefferminzblätter

Lammfleisch in kleine Würfel schneiden, mit Zwiebeln, geschälten Tomaten, Salz, Pfeffer und dem Reis dünsten, mit heißem Wasser oder Brühe auffüllen und ca. 20 Minuten garen lassen.
Ist das Reisgericht fertig, wird es auf die Teller verteilt. Dann gibt man auf jeden Teller 1 geschlagenes Eidotter, den Käse und Pfefferminzblätter darüber. Anschließend ca. 5 Minuten im Ofen überbacken.
Anstelle des Lammfleisches können Sie auch Muscheln, Krabben oder Langusten verwenden. Dann empfiehlt sich jedoch frischer Dill statt der Pfefferminzblätter.

Süßspeisen

In der Türkei sind Süßigkeiten – ›Tatlicar‹ – sehr beliebt und haben in jeder Küche ihren festen Platz. Wie groß ihre Bedeutung ist, erkennen wir an einem beliebten Sprichwort: ›Tatli yigelim, tatli konusalim‹ – ›Laß uns süß essen und süß sprechen.‹

Mandelpudding
(Keskül)

1 l Milch, 150 g Zucker, 100 g Mandeln, 40 g Reismehl, Pistazien, Kokosraspel oder frische Granatapfelkerne

Milch bei mittlerer Hitze zum Kochen bringen, Mandeln abschälen und fein mahlen, gemahlene Mandeln mit 2 Kellen heißer Milch verrühren. In einer anderen Schüssel das Reismehl mit $^1/_4$ l heißer Milch zu einem dünnflüssigen Brei verrühren, mit dem Zucker und den angerührten Mandeln in den Topf mit der heißen Milch schütten, kurz auf großer Hitze aufkochen und 10 bis 15 Minuten auf kleiner Flamme stehen lassen. Auf Dessertschalen verteilen und kalt stellen.
Zum Servieren mit Pistazienkernen, Kokosraspel oder Granatapfelkernen dekorieren.
Ein Tip für heiße Tage: ›Keskül‹ mit Vanilleeis kombinieren.

Asure

125 g Weizenschrot, 50 g Milchreis, 1/2 l Milch, 350 g Zukker, 25 g getrocknete weiße Bohnen, 25 g getrocknete dicke Bohnen, 25 g Kichererbsen, 50 g Walnußkerne, 50 g getrocknete Aprikosen, 50 g getrocknete Feigen, 50 g Rosinen, 50 g süße Mandeln, 25 g Pistazien, 25 g frische Granatapfelkerne, 25 g Korinthen, 5 cl Rosenwasser

Weizenschrot über Nacht in Wasser einweichen und 5 bis 6 Stunden lang zu Mus kochen. Bohnen und Erbsen quellen lassen und mit dem Reis weich kochen. Das Ganze zusammen durch ein Sieb gießen und gut umrühren. Etwa 3 l der abgetropften Flüssigkeit in einem großen Topf auffangen, Zucker und Milch zugeben und auf mittlerer Flamme dickflüssig werden lassen. Danach die Masse aus dem Sieb, die Aprikosen, Feigen, Rosinen, Korinthen, gemahlene Mandeln und Walnußkerne sowie das Rosenwasser beimengen. Kurz umrühren und 10 Minuten auf mittlerer Flamme kochen.
In Glas- oder Tonschalen servieren, mit geriebenen Pistazien und Granatapfelkernen dekorieren.
Dieser Nachtisch ist eine der ältesten Süßigkeiten der Türkei und wird an hohen Festtagen angeboten.

Sirupküchlein

(Tulumba Talisi)

60 g Butter, 250 g Mehl, 5 Eier, 500 g Raffinadezucker, 1 EL Zitronensaft, 250 g Olivenöl

Butter in 3 Tassen Wasser auf kleiner Flamme schmelzen, gesiebtes Mehl und Eier zugeben, Topf vom Feuer nehmen und den Teig etwa 10 Minuten lang kräftig umrühren.

In einem anderen Topf $^1/_2$ l Wasser, Zucker und Zitronensaft zu einem Sirup zusammenkochen und vom Feuer nehmen.

Während der Sirup entsteht, Olivenöl auf großer Flamme erhitzen. Aus dem Teig fingerlange Küchlein formen, im Olivenöl fritieren, herausnehmen und für $^1/_2$ Stunde in den Sirup legen. Herausnehmen, abtropfen lassen und mit 1 Scheibe Zitrone oder Sahne servieren.

Achtung: Das Mehl muß wirklich klumpenfrei verrührt sein, bevor man die Eier dazugibt. Und die Friteuse darf keinesfalls zu voll sein, damit die Küchlein mit einem Sieblöffel umgerührt werden können, ohne sich gegenseitig zu beschädigen.

Safranreis
(Zerde)

100 g Patna- oder Milchreis, 250 g Zucker, 1½ g Safran, etwas Rosenwasser, 50 g Korinthen, 25 g Pistazien, 1 Granatapfel

Reis mit Zucker und Wasser ca. 20 Minuten auf großer Flamme kochen, den in 5 cl Wasser vorher eingeweichten Safran in heißem Wasser schmelzen und mit dem Rosenwasser in den Reis rühren. Weitere 10 bis 15 Minuten kochen, bis der Reis breiig wird. Auf kleine Schüsseln verteilen und abkühlen lassen. Zum Servieren mit Korinthen, Pistazien und Granatapfel bestreuen.

Süße Hühnerbrust
(Tavuk Gögsü)

$1\frac{1}{2}$ l Milch, 1 mittelgroßes Suppenhuhn, 300 g Raffinadezucker, 150 g Reismehl, 2 EL Rosenwasser, Zimt

Suppenhuhn kochen, in einem anderen Topf die Milch auf mittlerer Flamme erhitzen. Wenn das Huhn gar ist, abkühlen lassen, das Brustfleisch ablösen, quer zur Faser in ca. $1\frac{1}{2}$ cm breite Streifen schneiden und zwischen den Fingern zerkrümeln. Um den spezifischen Geruch von Huhn zu beseitigen, Fleischfasern gut abspülen und Wasser herauskneten. Fleisch in den Topf geben, mit 2 Kellen heißer Milch übergießen und auf mittlerer Flamme so lange mit einem Holzlöffel zerdrücken und umrühren, bis eine breiige Masse entsteht.

In die erhitzte Milch den Zucker schütten, unter Umrühren weiterkochen. Mit 2 Kellen Milch das Reismehl verrühren, langsam in die kochende Milche fließen lassen (Achtung: keine Klümpchen!). Jetzt die Hühnerfleischmasse nachschütten und zu einer halbfesten Masse kochen.

Kurz bevor man den Brei vom Feuer nimmt, mit dem Rosenwasser würzen. Das Ganze noch ein paarmal umrühren, auf kleine Schüsseln verteilen und abkühlen lassen. Zum Servieren mit Zimt bestreuen.

Baklava

500 g Mehl, 350 g Butter, 250 g Mandeln, Walnußkerne oder Pistazien, 5 Eier, 1/2 Becher Joghurt, 900 g Zucker, 1 EL Zitronensaft, 1 EL Honig

Mehl auf die Platte schütten, zum Haufen schaufeln, einen Krater formen und Eier, Joghurt, 2 Tassen Wasser und die vorher geschmolzene Butter hineingießen. Gut verkneten. Den Teig in die Länge ziehen, zu einer Rolle formen und diese in etwa 40 Scheiben schneiden. Scheiben auf etwa 1 mm Dicke ausrollen, an den Rändern leicht aufbiegen und auf ein gefettetes Backblech legen. Mit einer Schicht gehackter Mandeln, Pistazien oder Walnüssen bestreuen, darauf wieder ein Teigblatt legen, darauf wieder eine Schicht Nüsse und so weiter, bis alle Teigblätter verbraucht sind (die oberste Schicht muß ein Teigblatt sein). In Rechtecke oder Rauten von 2 × 5 cm Größe schneiden. 30 Minuten lang in den 180 Grad heißen (vorgeheizten) Backofen stellen und anschließend 10 Minuten auf 140 Grad lassen.
In einem mittelgroßen Topf den Zucker mit Zitronensaft, Honig und 6 Tassen Wasser zu zähflüssigem Sirup zusammenkochen, vom Feuer nehmen und abkühlen lassen, bis er lauwarm ist.
›Baklava‹ aus dem Backofen nehmen, Sirup darübergießen und einziehen lassen.
Mit gehackten Pistazien oder süßem Rahm servieren.
Die Zubereitung dieses Leckerbissens erfordert viel Erfahrung. Am besten geschieht dies auf einer Marmorplatte. Ein glatter Holztisch tut's zur Not jedoch auch.

Käse

Zwei Käsesorten werden in der Türkei am häufigsten gegessen: Schafskäse (Beyaz Peynir) und harter Käse (Kasar Peynir).

Besonders auf dem Lande wird im Frühling der Schafskäse von den Bauern selbst hergestellt. Es gibt dazu ein einfaches Rezept: Milch einmal aufkochen und abkühlen lassen. Mit Käsehefe im Verhältnis 1 l : 0,5 g versetzen (Beispiel: 10 l Milch und 5 g Hefe müssen bei 35 Grad Raumtemperatur in ca. 15 Minuten gerinnen), gut umrühren, Topf fest verschließen und ca. 10 Stunden stehen lassen.

Geronnene Masse in ein viereckiges Tuch schütten, dessen 4 Kanten zusammenbinden, aufhängen und abtropfen lassen. Danach ca. 5 Stunden in gesalzenes Wasser legen. Vor dem Essen noch einmal vorsichtig abwaschen.

Wer den Käse lieber weich haben möchte, verwendet weniger Hefe bei geringerer Raumtemperatur. Wer ihn härter haben will, erhöht den Hefezusatz und die Raumtemperatur.

Weine

In der Türkei hat der Wein Tradition: Schon der Archeerbauer Noah hat Weinreben gesehen, die sich an einem Baum hochrankten, und eine Ziege, die davon gefressen hatte, soll einen Tag lang betrunken umhergelaufen sein. Immerhin ist Noah dann auf einem türkischen Berg gelandet – dem Ararat.
Obwohl die Weintraube in der Türkei so alt ist, hat der Weinanbau keine so überragende Bedeutung wie etwa in Frankreich. Die Ursache dürfte auf die mohammedanische Religion zurückzuführen sein.

Die wichtigsten Weintraubenzonen der Türkei

Ege	600 000 t	Ägäis
Orta Anadolu	470 000 t	Mittelanatolien
Güneydogu Anadolu	370 000 t	Südostanatolien
Akdeniz	300 000 t	Mittelmeer
Karadeniz	150 000 t	Schwarzes Meer
Marmara	110 000 t	Marmarameer
Dogu Anadolu	40 000 t	Ostanatolien

Folgende Rebsorten sollte man sich merken:

Sorte	*Zone*	*Alkohol* %	*Säuregehalt* %
1. Weißwein			
a = gute Qualität			
Hasandede	Mittelanatolien	11–13	5–6
Emir	Mittelanatolien	11–13	4–5,5
Narince	Schwarzes Meer	12–13	5
Semillon	Marmarameer	11–12	5
b = Tafelwein			
Kalecik beyazi	Mittelanatolien	11–13	3–5,5
Yapincak	Marmarameer	11–13	4–7
Altintas	Marmarameer	11–12	5–6,5
Beylerce	Marmarameer	12–12,5	4–6
Cekirdeksiz	Ägäisches Meer	12–14	5–7
Akkemoe	Ägäisches Meer	12–14	6
Dökülen	Ostsüdanatolien	12–15	5

2. Rotwein

a = gute Qualität

Kalecik	Mittelanatolien	12–14	4–7
Papas Karasi	Marmarameer	11–13	5–7
Öküzgözü	Ostanatolien	12–14	6–9
Bogaz Kere	Ostanatolien	13–14	6–8

b = Tafelwein

Cubuk Karasi	Mittelanatolien	11–12
Kuntra	Marmarameer	13–16
Ada Karasi	Marmarameer	12
Kara Sakiz	Marmarameer	13
Kara Lahna	Marmarameer	11–12

In der Türkei gibt es heute ca. 8 000 000 Hektar Weinberge. Das bedeutet jährlich 2 000 000 bis 3 400 000 Tonnen Weintrauben. Aber noch nicht einmal 3 Prozent davon werden zum Keltern verwendet, das sind netto 50 000 Tonnen, die von 206 Weinkellereien verarbeitet werden. 33 davon gehören zum türkischen Staatsmonopol, das 50 bis 60 Prozent des gesamten Jahrgangs produziert.

Kaffee

Der Kaffee, so wird behauptet, ist im Jahre 1258 in Moka (heutiges Saudi-Arabien) entdeckt worden. Ab ca. 1543 wird er in der Türkei getrunken. 1669 machte ihn der osmanische Botschafter Süleyman Aga in Paris bekannt. Das erste Kaffeehaus, wie wir es heute kennen, entstand in Istanbul im Jahre 1555.

Die Kaffeebohnen werden in einem Tontopf geröstet und mit einer Handmühle fein gemahlen. Je frischer der Kaffee, desto schmackhafter ist er. Aus diesem Grunde haben viele Familien ihn früher täglich geröstet.

Wie man einen türkischen Mokka zubereitet?

Man verwendet einen Emaille- oder Kupfertiegel, der in der Türkei ›Cezve‹ heißt. Es ist ein Gefäß, das nach oben hin enger wird und einen langen Stiel hat.

In den ›Cezve‹ kommen gemahlener Kaffee, Zucker und kaltes Wasser. Unter ständigem Umrühren langsam zum Kochen bringen, bis es schäumt. In eine Tasse abgießen, und den Rest erneut kochen, bis er hochsprudelt. Dann zum Schaum in die Tasse gießen.

Kocht man den Kaffee auf Holzkohlenfeuer, schmeckt er besser, weil er sich so langsam wie möglich erhitzen soll.

Normalerweise nimmt man für eine Tasse Mokka $1\frac{1}{2}$ TL Kaffee, 1 Stück Würfelzucker und 1 kleine Tasse Wasser. Aber die Originaltöpfchen fassen bereits die vorgeschriebene Menge und können als Meßgefäße verwendet werden.

Raki

Der Raki fließt immer dann reichlich, wenn viele Menschen beieinander sind. Man unterhält sich, hat leckere Speisen auf dem Tisch, macht sich ein paar gemütliche Stunden. Man ißt langsam und genießt. Früher war ›Raki Sofrasi‹ eine reine Männerangelegenheit, heute nehmen, zumindest in den großen Städten, auch schon Frauen daran teil.
Man trifft sich zur Raki-Tafel aber auch in der ›Meyhane‹, der türkischen Kneipe, in der neben Essen und Trinken Musik und Bauchtanz geboten werden. Hier geht man hin, wenn man sich amüsieren will, erzählt sich Anekdoten, und sogar geschäftliche Verhandlungen werden hier geführt.
Die Raki-Tafel – im Haus und außerhalb – hat bei den Türken eine lange Tradition. Sie ist ein fester Bestandteil des Lebens und ein Festtag für Feinschmecker. Folgende Raki-Tafel gilt bereits als Klassiker:

1. Gang

Salate
säuerlich eingelegtes Gemüse
Schafskäse
türkischer Hartkäse
Schinken
türkische Wurst
Honigmelonen

Oliven
Haselnüsse
Gurken mit Knoblauch
Salat aus weißen Bohnen
1 Flasche Raki
pro Person 1 kleines Glas (für den Schnaps) und 1 großes (für das Wasser)

2. *Gang*

Papierschinken
türkische Wurst, gebraten
gebratene Muscheln
Tarator-Sauce, heiß
Leber, albanisch

3. *Gang*

Fischgerichte der Saison, gegrillt oder gebraten

4. *Gang*

Fleischgerichte nach Wahl, z. B. Fleisch am Spieß, Lammbraten, Hacksteak und Hammelkotelett

5. *Gang*

Kalte Gemüsegerichte wie
Artischocken in Öl
Porree mit Reis in Öl
gefüllte Weinblätter

gebratener Spinat mit Joghurt und Knoblauch
Auberginen
Paprikaschoten

6. Gang

Teigröllchen mit Hack- oder Käsefüllung

7. Gang

Noch einmal ›Gurken mit Knoblauch‹

8. Gang

Türkische Süßspeisen
Frisches Obst

9. Gang

Mokka

Raki gewinnt man aus Weintrauben. Alle Brennereien gehören zum türkischen Staatsmonopol. Die drei bekanntesten Sorten:

1.	Yeni Raki	45 %	(›Der Neue‹)
2.	Kulup Raki	50 %	(›Klub‹)
3.	Altinbas Raki	50 %	(›Goldköpfchen‹)

Wie und womit trinkt man Raki?
Entweder nimmt man einen Schluck eiskalten Raki pur in den Mund und trinkt kühles Wasser hinterher. Oder man

gießt Raki und Wasser in einem Glas zusammen, worauf er weiß wie Milch wird (ähnlich dem Pernod).
Wer den Anisgeruch nicht mag, muß zuerst einen Schluck Wasser in den Mund nehmen, dann einen Schluck Raki und hinterher wieder einen Schluck Wasser. Das Wasser kann aus der Leitung kommen, Mineralwasser sein oder Soda (dann spürt man die Wirkung schneller).
Raki läßt sich auch mit Milch genießen. Aber diese Art gilt selbst in der Türkei als außergewöhnlich: Raki und Milch in einem Glas mischen und erst nach ein paar Minuten trinken. Diese Methode hat drei wesentliche Vorteile (sagen die Profis):

1. sie gibt Kraft,
2. sie beruhigt die Nerven und
3. verlangsamt die Trunkenheit.

Register nach Sachgebieten

Suppen

Vorspeisen

Warme Vorspeisen

Vorspeisen mit Muscheln

Salate

Hauptgerichte

AUS HACKFLEISCH

Alphabetisches Register